# TOM CREAN

## EACHTRAÍ ÉIREANNAIGH SAN ANTARTACH

# FEAR SAN OIGHEAR

## Faoin Údar

D'éirigh Michael Smith as a phost d'fhonn beathaisnéis a scríobh ar shaol Tom Crean, *An Unsung Hero – Tom Crean, Antarctic Explorer.* Bhí sé ar cheann de phríomhiriseoirí ar an saol polaiticiúil agus ar chúrsaí tráchtála. Bhí suim aige riamh i dtaiscéalaíocht sa Mhol Theas agus sa Mhol Thuaidh. Scríobh sé *I Am Just Going Outside – Captain Oates, Antarctic Tragedy* agus *Captain Francis Crozier – Last Man Standing?;* do léitheoirí óga, scríobh sé *Tom Crean: Ice Man, The Adventures of an Irish Antarctic Hero* agus *Shackleton: The Boss – The Remarkable Adventures of a Heroic Antarctic Explorer.*

## Faoin Ealaíontóir

Rinne Annie Brady a cuid staidéir ag an gColáiste Ealaíne Náisiúnta, Baile Átha Cliath. Seo an chéad uair a bhfuil a léaráidí foilsithe.

# TOM CREAN
### EACHTRAÍ ÉIREANNAIGH SAN ANTARTACH
# FEAR SAN OIGHEAR

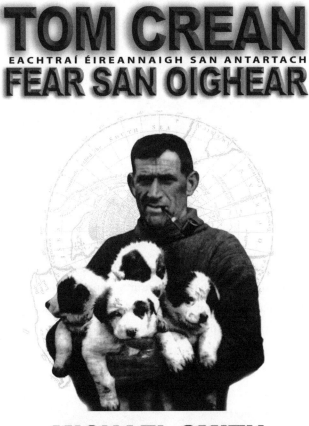

# MICHAEL SMITH
## Léaráidí – Annie Brady

The Collins Press

FOILSITHE I 2009 AG
The Collins Press
West Link Park
Doughcloyne
Wilton
Cork

ISBN: 978-1848890077

Dearadh le Artmark
Clóchuradóireacht le The Collins Press
Arna chlóbhualadh i Málta ag Gutenburg Press Ltd

**Mixed Sources**
Product group from well-managed
forests, and other controlled sources
www.fsc.org Cert no. TT-CoC-002424
© 1996 Forest Stewardship Council
FSC

The paper used for this book is FSC-certified and totally chlorine-free. FSC (the Forest Stewardship Council) is an international network to promote responsible management of the world's forests.

# Clár

# Réamhrá

Tá sliabh ard ina sheasamh san Antartach. Tá an sliabh cosúil le fathach os cionn an tsneachta agus an oighir.

Mount Crean an t-ainm atá air in onóir do Tom Crean.

Chuaigh Tom Crean go dtí an t-Antartach timpeall céad bliain ó shin. Fuaireamar a lán eolais faoin Antartach ó Tom agus ó na fir chróga eile a bhí in éineacht leis. Ní féidir stair na tíre reoite sin a insint gan ainm Tom Crean a úsáid. Bhí páirt ollmhór aige sa scéal.

Sheol Tom chun an Antartaigh trí huaire. Chaith sé níos mó ama ann ná na taiscéalaithe cáiliúla, an Captaen Robert Scott agus Ernest Shackleton.

Is beag eolas, áfach, a bhí ar fáil ar a thurasanna. Ba é laoch anaithnid an taistil chun an Antartaigh é.

Ach céad bliain níos déanaí tá scéal Tom Crean againn. Scéal iontach é seo faoi dhuine a rugadh ar fheirm bheag in Éirinn agus a thaistil ar fud an Antartaigh. Is laoch é Tom Crean do gach duine agus do gach aois.

Ní féidir linn dearmad a dhéanamh ar ainm Tom Crean anois. I dTír Victoria, tá Mount Crean suite – 77.90° S – 159.47° W. Tá sé 2.5 km (1.5 míle nó 8,360 troigh) ar aoirde. Tá an Crean Glacier ar oileán Seoirsa Theas 54.17° S agus 28.13° W.

# 1

# Mac Feirmeora

Is turas fada é ó Éirinn go dtí an t-Antartach – leath-shlí timpeall an domhain. Ta an t-Antartach an-fhuar, fiáin agus lom. In Éirinn tá páirceanna glasa agus níl an aimsir ró-chrua.

Rugadh Tom Crean in Abhainn an Scáil i gContae Chiarraí timpeall céad bliain ó shin. Thosaigh a shaol i 1877 in áit álainn cois farraige. Cé go raibh radharcanna deasa le feiceáil ann, bhí saol an-chrua ag Tom. Feirmeoirí ba ea a mhuintir. Bhí said an-bhocht. Bhí deichniúr sa chlann agus bhí an saol ar an bhfeirm an-dheacair. Ní raibh leictreachas ná guthán acu. Go minic theip ar na barraí agus bhíodh ocras ar na daoine.

Ansin fuair na mílte bás. Ag an am sin bhí na scoileanna go holc agus níor fhoghlaim na daltaí ach léitheoireacht agus scríbhneoireacht. D'fhág paistí an scoil faoi aois a dódhéag de ghnáth. Ní raibh go leor eolais ná scileanna acu chun post maith a fháil.

Níor thaitin an saol crua sin le Tom. Theastaigh níos mó uaidh. Fuair sé seans i samhradh na bliana 1893 nuair a bhí sé cúig bliana déag d'aois.

Lá amháin bhí sé ag obair i ngort phrátaí. Bhí Tom ag aislingíocht. D'fhág sé geata na páirce ar oscailt. Tháinig ba isteach. Thosaigh siad ag ithe na bprátaí. Bhí a athair ar buile agus thosaigh sé ag béiceadh. Shocraigh Tom éalú ó bhaile.

Cúpla lá ina dhiaidh sin, bhí Tomás ag siúl cois farraige. Bhuail sé le hoifigeach ó chabhlach na Breataine a bhí ag lorg mairnéalaigh.

Is minic a chuala Tom scéalta faoin bhfarraige agus scéalta faoi Naomh Breandán nuair a bhí sé ina bhuachaill óg i gCiarraí. Bhí an-shuim ag muintir na háite san fharraige.

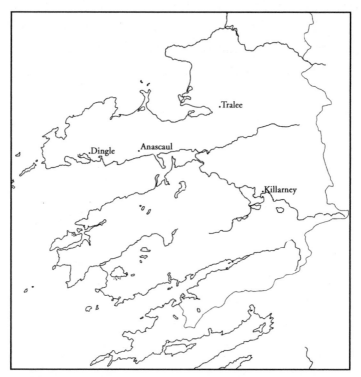

*Abhainn an Scáil, Co. Chiarraí (Anascaul, Co. Kerry)*

Dúirt sé leis an oifigeach gur mhian leis dul isteach sa chabhlach. D'inis sé bréag faoina aois agus dúirt sé go raibh sé sé bliana déag d'aois. Ní raibh cead ag éinne liostáil sa chabhlach faoi sé bliana deág d'aois.

Fuair sé cead dul isteach sa chabhlach. Rith sé abhaile ar nós na gaoithe. Bhí sceitimíní air. Thug a thuismitheoiri cead dó imeacht mar bhí siad an-bhocht agus naonúr páiste fós sa bhaile acu . Bhí áthas an domhain air ach ní raibh ach seanéadaí stractha aige agus ní raibh pingin rua aige.

Thug fear éigin flaithiúil airgead dó chun ticéad a cheannach don traein go dtí an Cóbh. Tá an Cóbh in aice le cathair Chorcaí. Fuair sé éadaí ó dhuine eile. As go brách leis ó shaol na feirme go saol nua ar an bhfarraige.

# 2

# I dTír Aineoil

Bhí cabhlach na Breataine an-láidir ar fad. Déagóir tanaí ba ea Tom Crean ag dul isteach sa chabhlach. Thosaigh sé ag traenáil ar dtús. Bhí an obair dian agus bhí 700 nó 800 fear i spás beag faoi na deiceanna ar long mhór. Cé nach raibh an bia ró-mhaith bhí sé níos fearr ná an bia a bhí ag Tomás sa bhaile.

Bhí deatach ón tobac trom sa long mar bhí a lán de na mairnéalaigh ag caitheamh tobac. Thaitin an píopa leis. San oíche chodail siad i leapacha luascáin a bhí ar crochadh cosúil le líne éadaigh. D'fhoghlaim Tom mórán.

Ach i gceann ocht mbliana i 1901 tháinig athrú ar an saol a bhí ag Tom. Bhí long chogaidh Tom, an HMS *Ringarooma*, ar patrol san Aigéan Ciúin roimh Nollaig. Sa tSéalainn Nua a bhí sí.

Tháinig an long taiscéalaíoch an *Discovery* an treo. Chuaigh sí ar ancaire in aice an *Ringarooma*. Bhí Robert Scott mar chaptaen ar an *Discovery*. Bhí an long ar a bealach chuig an Antartach. Bhrostaigh Tom agus a chomh-mhairnéalaigh in airde ar deic, chun an long speisialta a fheiceáil. Bhí siad ar bís.

Stop an *Discovery* sa Séalainn Nua chun bia agus fearas a fháil roimh an turas ó dheas. Ach bhí mairnéalach amháin ar meisce agus thosaigh sé ag troid. Bhí a fhios aige go maith go raibh sé i dtrioblóid agus theith sé. Dá bhrí sin bhí mairnéalach eile ag teastáil ón gCaptaen Scott. Chuala Tom an scéal sin agus dúirt sé gur mhaith leis dul in áit an mhairnéalaigh a bhí imithe. Bhí sé cróga, go deimhin.

Faoin am seo bhí Tom láidir agus 1.8 m (6 thr) ar airde. Bhí áthas an domhain ar Chaptaen Scott fáilte a chur roimh Tom Crean ar bord an *Discovery*. Thosaigh Tom a thuras chun an Antartaigh.

# 3

## Coiscéimeanna sa Sneachta

Faoin am seo, ní raibh aon eolas ar an Antartach ag an gcuid is mó de na daoine. Ní raibh ach roinnt bheag daoine tar éis dul ann faoi 1901. Níor thaistil na daoine seo i bhfad ón gcladach. Ní raibh aon duine tar éis dul go lár na tíre. Ní fhaca éinne an Mol Theas fós.

D'ullmhaigh Tom Crean don turas farraige 3,200 km (2,200 míle) chuig tír aineoil. Tá a fhios againn go raibh i bhfad níos mó eolais ag na spásairí faoin ngealach i 1969 ná mar a bhí ag na taiscéalaithe chuig an Antartach i 1901.

Áit reoite, mhistéireach ba ea an t-Antartach. Chreid daoine go raibh sí ann sula bhfaca éinne í. Dúirt scoláirí na Gréige go raibh an domhan cruinn. Bhí a fhios acu go raibh talamh ann ag barr na cruinne ó thuaidh. Chreid siad freisin go raibh mór-roinn eile ag bun na cruinne ó dheas cé nach riabh sí feicthe ag éinne fós. Arktos ('béar' sa Ghréigis) ab ainm don talamh sa tuaisceart mar tá an réigiún seo faoi réaltaí geala 'An Bhéir'. Mar sin, tugadh Antartikos - contrárthacht Arktos - ar an tír sa deisceart.

Nuair a shroich na taiscéalaithe an talamh baineadh geit astu. Fuair siad amach nach raibh rud ar bith ag fás ann. Áit an-fhuar, an-ghaofar agus dainséarach a bhí ann. Ní raibh bia le fáil mar ní raibh plandaí ná ainmhithe ann. Ní raibh sé oiriúnach do dhaoine in aonchor.

Titeann an teocht sa gheimhreadh faoi bhun -40° Celsuis (-40° Fahrenheit) agus go minic titeann sé chuig -70 °C (-94 °F). Sa samhradh ní bhíonn an teocht níos airde ná - 30 °C (-22 °F). Uair amháin thit an teocht chuig -89.6 °C (-129 °F) an leibhéal is ísle riamh ar an domhan. Ní féidir uisce beirithe a choimeád te. Bíonn se reoite gan mhoill ag teacht amach as an gciteal. Fiú amháin sa samhradh bíonn an aimsir níos fuaire ná an gnáth chuisneoir -20 °C (-4 °F).

Bíonn an sneachta agus an ghaoth láidir go dona ar fad. Is féidir leis an ghaoth ardú go dtí 320 ksu – ciliméadair san uair (200 msu – míle san uair) chomh tapa le traenacha nua-aimseartha inniu. De ghnáth bíonn an ghaoth ag feadaíl ag 80 ksu (50 msu). Tá sé deacair do dhaoine seasamh suas nuair a bhíonn an ghaoth sin ag séideadh.

Bíonn sé an-dáinséarach nuair a bhíonn an craiceann reoite. Tarlaíonn sé sin nuair a théann an ghaoth thar 40 ksu (25 msu) i dteocht íseal.

Ní raibh aon ainmhithe eile ann ach rónta agus piongainí chun feoil a chur ar fáil. Ach ní mhaireann rud ar bith i lár na tíre reoite i bhfad ón gcladach. Dá bhrí sin bhí bia, breosla agus fearas acu chun fanacht beo go ceann dhá bhliain. Bhí earraí i ngach spás ar

an long. Bhí na deiceanna clúdaithe le boscaí, le gual, le 23 madraí agus le 45 caora.

Faoi na deiceanna bhí Tom agus na fir eile sáite le chéile mar shairdíní. Ní raibh go leor spáis acu chun codladh, agus nuair a phreab mairnéalach amháin as a leaba luascáin, léim mairnéalach eile isteach ann chun dul a chodladh.

Bhí an-smacht ar bord na loinge. D'iarr Captaen Scott ar na fir na deiceanna a ghlanadh gach lá. Ach nuair a dhoirt an t-uisce ar na deiceanna bhí sé reoite sar i bhfad. Ansin theastaigh sluaistí ó na fir chun an t-oighear a bhriseadh.

Le teacht an Fhómhair shroich an *Discovery* an t-Antartach tar éis roinnt seachtainí. Fuair Captaen Scott bá oiriúnach. D'fhan siad ansin i rith an gheimhridh. Bíonn an geimhreadh san Antartach go huafásach. Ní bhíonn éinne ábalta taisteal ann de ghnáth.

D'éirigh an aimsir an-fhuar. Bhí sceon ar na taiscéalaithe nuair a d'ísligh an teirmiméadar. Bhí na farraigí reoite. Bhí an *Discovery* sáite san oighear. Ní raibh raidió ná teileafón acu chun labhairt leis an saol lasmuigh. Bhí a fhios acu nach raibh aon long eile timpeall na háite. Ní raibh éinne á lorg. Bhí an tSéalainn Nua 3,200 km (2,000 míle) uathu.

Tá na séasúir san Antartach difriúil leis na seasúir in Éirinn. Tá mí Aibreáin sa deisceart cosúil le mí Dheireadh Fómhair san Eoraip. Bíonn mí Lúnasa cosúil le mí Feabhra.

Sa gheimhreadh san Antartach bíonn sé dorcha ar feadh 24 uaire. Téann an ghrian i bhfolach i lár Aibreáin. Bíonn sé dorcha ar feadh ceithre mhí. Bhí an dorchadas an-dheacair do na fir. Bhí scéalta cloiste acu freisin gur imigh fir as a meabhair nuair a bhuail siad leis an dorchadas céanna den chéad uair.

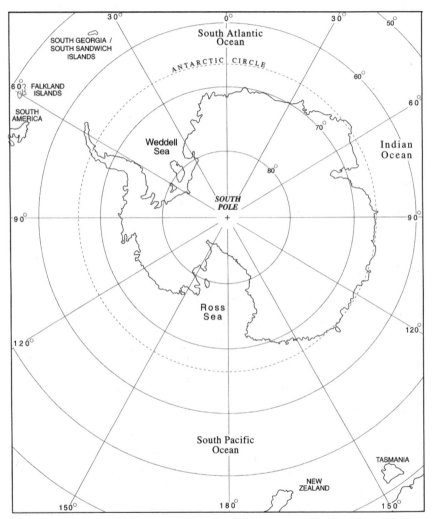

*An tAntartach: is beag cur amach a bhí ar an gcúigiú mór-roinn is mó faoi thosach an 20ú hAois.*

# 4

## An Saol ar an Imeall

Roghnaigh Captaen Scott Tom Crean chun dul ar an gcéad aistear sleamhnáin ón long *Discovery* isteach i lár an Antartaigh. Isteach san oighear leis go bródúil le brat na hÉireann in airde ar a shleamhnán. Ní raibh brat na hÉireann san Antartach riamh roimhe sin.

Turas gearr a bhí acu trasna an oighir ach bhí sé an-dainséarach. Thug siad faoi deara gur éirigh sé fuar go tapa. Shéid an ghaoth níos láidre de réir mar a ghluais siad isteach sa tír.

Sa bhfoireann sleamhnáin bhí ceathrar nó seisear de ghnáth. Tharraing siad an sleamhnán ar a raibh a gcuid lastais. Bhí an obair sin go han-dian ar fad. Bhí sé níos measa nuair a bhí an sneachta bog nó an t-oighear sleamhain.

Thóg an sleamhnán málaí codlata, bia, breosla agus rudaí mar sin. Mheáigh sleamhnán do cheathrar thart ar 360 kg (800 punt) níos mó ná meáchan an cheathrair le chéile. Bhí sé an-chrua orthu 360 kg (800 punt) a tharraingt thar an oighear. Uaireanta bhí na ráillí faoin sleamhnán reoite. Ansin bhí ar na fir tréan iarracht a dhéanamh chun an sleamhnán a bhogadh.

San oíche bhí an seisear acu sáite isteach i gcampa. Ní raibh ach spás do thriúr sa champa. Ní raibh siad compórdach ach amháin nuair a bhí siad le chéile. Mar sin, ní raibh siad préachta leis an bhfuacht.

Turas gearr a bhí ann agus bhí áthas ar na fir nuair a shroich siad an long arís. Thus siad eolas do na mairnéalaigh eile faoin dainséar a bhí taobh amuigh.

Bhí baol in aice leo an t-am go léir. Ar thuras amháin bhí sé chomh fuar sin gur bhris an teirmiméadar nuair a bhí sé faoi bhun 50 °C ( -60 °F). Bhí dó seaca ar a chos ag cara amháin le Tom.

Bhí a chos cosúil le bloc oighir. Bhí dath bán ar an gcraiceann. Ba bheag nár chaill sé a chos.

Chuimhnigh duine éigin ar phlean. Cé go raibh siad préachta leis an bhfuacht d'ardaigh na fir a ngeansaithe. Chuir an fear bocht a chos ar a mbolg chun an beocht a chur ar ais ann.

Ba mhór an phian é seo do na fir. Bhí cos an fhir chomh fuar sin nach raibh na fir ábalta cur suas leis an gcos ar a mbolg ach ar feadh deich noiméad. Ach d'oibrigh an plean. Shábháil siad an chos.

Fear crua, láidir agus cróga ba ea Tom. Bhí sé go hiontach ar an sleamhnán. Bhí an-mheas ag gach duine air.

Chaith siad dhá bhliain san Antartach. Chaith Tom 149 lá (os cionn cuig mhí) ag tarraingt sleamhnán thar an oighear is thar an sneachta. Chonaic siad na céadta míle de thalamh nua. Chonaic siad sléibhte agus oighearshruthanna den gcéad uair agus líon siad isteach bearnaí móra ar an mapa.

Dúirt comráid amháin go raibh croí leoin ag Tom. Bhí sé cróga, dílis is gealgháireach i gcónaí. Nuair a bhí fadhbanna acu thug Tom misneach agus dóchas do na fir eile. Ní raibh sé riamh buartha agus spreag sé gach éinne.

Ach ní raibh sé ábalta faic a dhéanamh faoin long a bhí greamaithe san oighear. Níor scaoil an t-oighear an *Discovery* saor. Bhí siad ag smaoineamh ar an long a fhágáil san oighear. Bhí an t-ádh leo, áfach. Tháinig báid tharrthála agus phioc siad suas na fir. Bhí siad slán, ach ní maith le mairnéalaigh long a fhágáil.

Chuir siad dinimít san oighear. Phléasc an dinimít ach ar dtús d'fhan an *Discovery* ar an oighear. Ní raibh cor aisti.

Lá amháin, áfach, thosaigh an t-oighear ag briseadh go tobann. Bhí an long saor. Bhí áthas an domhain ar na fir. Bhí céiliúradh acu. D'ullmhaigh siad chun dul abhaile. Tharraing an *Discovery* amach ón Antartach agus sheol sí ar ais chuig an Séalainn Nua agus na páirceanna glasa ar Aoine an Chéasta 1904. Bhí dhá bhliain is trí mhí imithe ó thosaigh Tom an turas.

# 5

# Glaoch an Oighir

Cúpla bliain ina dhiaidh sin, thug an Captaen Scott cuireadh do Tom Crean dul ar ais chuig an Antartach. An t-am seo theastaigh ó Scott an Mol Theas a shroicheadh roimh éinne eile. Theastaigh fir láidre uaidh, fir cosúil le Tom.

Bhí gach duine dóchasach nuair a sheol long na dtaiscéalaithe, *Terra Nova* 'An Tir Nua', ó Londain i samhradh na bliana 1910. Bhí sluaite ar an gcé le bratacha nuair a bhí an long ag fágáil.

Sheol an *Terra Nova* chun na hAstráile. Ansin phioc siad suas go leor bia chun na fir a choimeád beo ar feadh dhá bhliain. Chuala siad scéal ansin a chuir isteach go mór orthu.

Chuala siad go raibh Roald Amundsen ag dul go dtí an Mol Theas fresin. Bhí sé sa rás leis an gCaptaen Scott. Taiscéalaí iontach ón Ioruaidh é Amundsen. Bhí a lán taithí aige agus ag a fhoireann ar thaisteal thar an sneachta agus thar an oighear.

Chuaigh an *Terra Nova* agus long Amundsen *Fram* ó dheas san am gcéanna. Theastaigh uathu an duais mhór a fháil, an Mol a shroichint ar dtús.

Bhí go leor bia ar an *Terra Nova* i gcomhair dhá bhliain. Bhí 30 madraí sleamhnáin agus naoi bpónaí dhéag ann freisin. Bhí na pónaí ó Mhancúire.

Ní raibh a fhios ag éinne go raibh coinín ar bord ag Tom. Chuir sé an coinín i bhfolach faoin bhféar a bhí mar bhia do na pónaithe. Ach ní raibh Tom ábalta an rún a choimeád. Rugadh 17 coiníní beaga Lá Nollag! Theastaigh coinín ó gach duine sa chriú. Ach bhí 22 fear ann! Bhí díomá ar chuid acu.

Ach ar an tslí ó dheas bhuail siad le dainséar mór. D'éirigh gaoth spéirlinge le neart 120 ksu (75 msu). Cheap na fir go raibh a bport seinnte.

Dhoirt uisce isteach sa long. Fuair Tom agus na mairnéalaigh eile buicéid chun an t-uisce a chaitheamh amach. Ar ócáid amháin scuab tonn ollmhór thar na deiceanna. Thóg an tonn madra isteach san fharraige leis. Cúpla soicind ina dhiaidh sin, chaith tonn eile an madra ar ais ar an deic. Bhí an madra slán! Ach fuair dhá phónaí bás sa stoirm.

Lean an *Terra Nova* ar aghaidh agus shroich sí cósta an Antartaigh faoi dheireadh. Rinne na fir bothán adhmaid. Bhí eagla orthu go mbeadh an long greamaithe arís. Ansin chuaigh an long ar ais go dtí an Astráil go fóill.

D'fhág na fir slán leis an *Terra Nova*. Bhí an long imithe ar feadh dhá mhí dhéag. Don dara uair ina shaol d'ullmhaigh Tom é féin do mhíonna dubha dorcha an gheimhridh.

Níorbh fhéidir leo dul amach mar bhí an geimhreadh chomh crua sin. Chaith siad an t-am ag deisiú na málaí codlata nó ag déanamh sleamhnán. Bhí siad slán sábháilte sa bhothán.

Ba mhór an baol é dul amach. Ní raibh solas ar bith ann. Bhí eagla orthu siúl thar cúpla méadar ón mbothán. Bhí na stoirmeacha agus an dorchadas ró-dhainséarach. Cheangail siad rópaí ar na tithe taobh amuigh chun cabhrú leis na fir gan dul amú.

Ní raibh aon rud le déanamh ach fanacht le solas na gréine. Bhí siad ag machnamh ar an rás go dtí an Mol.

# 6

## An Rás go dtí an Mol

Ba dhuine an-thábhachtach é Tom Crean san fhoireann. Bhí sé crua agus iontaofa agus bhí taithí luachmhar aige ar an sneachta is ar an oighear.

Aistear an-dheacair a bhí acu. Ón bpríomhchampa chuig an Mol Theas agus ar ais bhí 2,800 km (1,800 míle) ann den talamh is measa ar domhan. Theastaigh cúig mhí uathu don turas. Bhí orthu a sleamhnáin féin a tharraingt ar a raibh an bia agus an fearas.

Bhí orthu stórais bhia a dhéanamh ar an tslí go dtí an Mol agus thar n-ais chun na fir a choimeád beo. Bhí foirne breise acu chun na soláthair bhia is breosla seo a fhágáil ar an sneachta. Ansin chuaigh na foirne speisialta seo ar ais go dtí an campa. Bhí na stórais seo an-thábhachtach ar fad do na daoine ag filleadh ón Mol.

Bhí an chéad chéim sa súilóid thart ar 640 km (400 míle) trasna an bhaic oighreata mhóir. Bhí an áit seo chomh mór leis an bhFrainc. Tá sé leathmhíle doimhin. Bhí sé cosúil le loch mór reoite do na taistealaithe. Ansin bhí orthu Oighearshruth ollmhór

Beardmore a dhreapadh. Tá sé 190 km (120 míle) ar fhad agus é suas le 3.2 km (2 mhíle) ar aoirde.

Sa chuid deiridh den turas – 650 km (350 míle) – bhí Ardán an Mhoil. Tá an t-Ardán 3 km (2 mhíle) nó mar sin ós cionn leibhéal na farraige. San áit seo bhí an fuacht níos measa agus an ghaoth níos láidre ná in aon áit eile.

Tá an t-aer an-tanaí ar fad ag an aoirde seo. Bhí sé deacair do na taiscéalaithe na sleamhnáin a tharraingt gan go leor aeir.

Sa chéad chéim den aistear ar an mbac oighreata leibhéalta, tharraing na pónaithe na sleamhnáin. Nuair a d'éirigh na hainmhithe tuirseach, bhí ar na fir féin na sleamhnáin a tharraingt.

Bhí Tom ag stiúradh an phónaí lách, Bones. Thaitin ainmhithe go mór le Tom. Bhí an-ghrá aige don chapaillín ciúin seo. Uair amháin i rith an gheimhridh d'éirigh Bones tinn. Níor chodail Tom an oíche sin. Chaith se an oíche ag tabhairt aire don chapall.

Ach ní bhíonn pónaithe ábalta siúl go maith ar leac oighir. Chuaigh cosa na n-ainmhithe síos go doimhin sa sneachta bog. Sciorr siad ar an leac oighir agus bhí siad préachta leis an bhfuacht.

Tar éis cúpla seachtain bhí a fhios ag na fir go raibh na pónaithe spíonta lag. Ní raibh aon rogha acu ach na créatúir a mharú. Bhí brón ar na fir ach bhí orthu é a dhéanamh. Bhí an-bhrón ar Tom i ndiaidh Bones ach bhí a fhios aige go raibh sé ag fáil bháis cheana féin.

Thug na capaillíní bronntanas deireanach do na taiscéalaithe – feoil, a thug bia is fuinneamh do na fir chun dul ar aghaidh leis an máirseáil fhada.

Níl gach ainmhí go dona chun taisteal ar an oighear. Bíonn madraí níos fearr. Tá siad éadrom agus is féidir leo gluaiseacht níos tapúla ná fir is ná na capaillíní.

Uair amháin, chuir duine ceist ar thaiscéalaí cáiliúl – Ainmnigh trí rud a bheadh agat ar aistear chun an Antartaigh? 'Madraí, madraí agus madraí' a d'fhreagair sé.

Ní raibh morán measa ag an gCaptaen Scott ar mhadraí ar a thuras. Chreid sé gur peataí iad na madraí. Níor bhain sé úsáid cheart astu.

Ar an taobh eile, bhí an-mheas ag Amundsen ar na madraí. Thóg sé 100 madra chun a shleamhnáin a tharraingt. Ní raibh sé ró-chneasta leis na madraí. Nuair a d'éirigh madra ar bith lag ar an dturas, mharaigh sé an t-ainmhí gan mhoill agus thug sé an bia do na hainmhithe eile.

Tharraing Tom agus a fhoireann na sleamhnáin cosúil le madraí nó pónaithe. Bhí ceathrar i bhfoireann amháin. Bhí siad ag tarraingt na sleamhnán ar feadh deich n-uaireanta sa lá. Mheáigh an sleamhnán timpeall 360 kg (800 púnt).

Cé go raibh sé an-fhuar, bhí na fir ag cur allais ó bheith ag obair go dian. Reoigh an t-allas ar a gcorp agus bhí siad préachta arís.

Tá an Beardmore an-shleamhain agus an-dainséarach. Bhí na fir i mbaol an t-am go léir. Tá scoilteáin ann agus is féidir le foireann iomlán sleamhnáin a thitim isteach inti.

Nuair a bhí siad ag dreapadh an oighearshrutha lá amháin, ba bheag nach raibh timpiste acu.

Cara le Tom ba ea Billy Lashley. Thit an t-oighear lag faoi agus thit se isteach i scoilteán. Bhí an t-ádh leis go raibh an sleamhnán trasna an phoill agus bhí sé ar crochadh ón sleamhnán. Chaith siad rópa síos go tapa agus tharraing siad Bill amach. Bhí sé slán.

Lá breithe Bill Lasley a bhí ann agus nuair a bhí sé sábháilte dúirt Tom 'Breithlá Sona Dhuit'. Ní féidir linn freagra Bill a scríobh síos!!

Gach lá ghluais siad ar aghaidh. San tráthnóna chuir siad puball suas agus leáigh siad an t-oighear le haghaidh cócó nó tae. Bhí siad ag súil leis an tráthnóna nuair a bhí sos acu don dinnéar. Thaitin an oíche leo agus an codladh sámh.

Bhí bia dobhlasta ag na fir. Ní raibh aon rogha acu ach é a ithe. Bhí 'pemmican' acu mar phríomhbhéile. Bhí pemmican déanta as feoil tirim. Chuir siad brioscaí agus uisce beirithe leis an taos seo.

Dhoirt siad an meascán i mugaí agus ghlaoigh siad 'hoosh' air. D'ith siad an béile céanna gach lá. Uaireanta chuir siad púdar curaí isteach chun an blas a dhéanamh difriúil.

Lá amháin bhí Tom ag déanamh cócó. Rinne sé botún mar chuir sé isteach púdar curaí in áit cócó. D'ól sé an deoch gan gíog as.

Ní raibh go leor bia acu i gcúpla muga hoosh don bhricfeasta agus don dinnéar. Nuair a bhí gach béile críochnaithe acu bhí ocras orthu fós.

Gach oíche, isteach leo sna málaí codlata. Bhí ocras orthu agus bhí siad tuirseach traochta. Bhí siad ag smaoineamh ar bhia. Nuair a dhúisigh siad, áfach, ní raibh ach muga eile den 'hoosh' rompu agus deich n-uaireanta an chloig ag tarraingt na sleamhnán.

# 7

## Deora sa Sneachta

Nuair a bhí na fir ag taisteal ar Oighearshruth Beardmore bhí fuinneamh agus neart ag Tom Crean. Thug sé misneach do na fir eile.

Bhí Tom Crean ag súil go mbeadh sé ar fhoireann Scott sa pháirt deiridh den turas chuig an Mol.

Nuair a bhí an t-oighearshruth á dhreapadh acu, bhí dáréag (12) ann. Ní raibh ach ceathrar ag teastáil ó Scott ar an aistear chuig an Mol. Ag an mbarr rinne an Captaen Scott cinneadh nua. Dúirt sé le ceathrar dul ar ais chuig an bpríomhchampa. Bhí ochtar fágtha.

Thóg na taiscéalaithe sos chun an Nollaig a cheiliúradh. I ndá phuball glasa ar Ardán an Mhoil bhí mionfhéasta acu.

Bhí béile speisialta acu. Chuir siad sliseoga d'fheoil chapaill, púdar curaí agaus píosaí d'oinniúin isteach sa 'hoosh'. Bhí maróg Nollag acu, milseáin agus mugaí de chócó. Rinne siad dearmad ar an strus.

Cúpla la ina dhiaidh sin baineadh geit astu. Bheartaigh an Captaen Scott cúigear a thabhairt leis is triúr a sheoladh abhaile chuig an bpríomhchampa – Tom ina measc.

Thosaigh Tom ag caoineadh. Ní raibh an Mol ach 240 km (150 míle) uathu, máirseáil coicíse nó mar sin. Bhí an-díomá ar Tom. Cheap sé gur lig an Captaen Scott síos é.

Bhí Tomás tar éis deich mbliana a chaitheamh leis an gCaptaen Scott. Fear dílis ba ea Tom. Níor mhaith leis an gCaptaen Scott bheith ag argóint agus bhí sé ag súil go rachadh Tom ar ais gan cheist.

Bhí imní ar an gCaptaen Scott nuair a bhí air a insint do Tom go raibh sé chun dul ar ais. Bhí leithscéal á lorg aige.

Chuaigh sé isteach i bpuball Tom. Bhí sé ag ullmhú chun an drochscéal á thabhairt dó. Bhí Tomás ag ól a phíopa.

Nuair a chuir an Captaen Scott a cheann isteach sa champa bhí Tom ag casachtaigh. Bhí an leithscéal ag an gCaptaen Scott ansin.

Arsa an Captaen Scott, 'Tá slaghdán ort, Tom.'

Bhí Tom cliste agus bhí a fhios aige láithreach cad a bhí ar siúl. Bhí sé ábalta a fheiceáil go raibh an Captaen Scott ag iarraidh a rá leis go raibh sé chun dul ar ais go dtí an príomhchampa. D'fhreagair Tom mar seo, 'Tuigim amhrán leath channta, a mháistir.'

Níor athraigh an freagra sin aigne Scott. Bhí ar Tom casadh agus imeacht siar chuig an bpríomhchampa. Chuaigh cúigear ar aghaidh go dtí an Mol.

Bhí grúpa amháin ar a slí abhaile agus an grúpa eile ag gluaiseacht ar aghaidh. Bhí an lá go dona ar fad. Bhí sé nimhneach fuar. Thit an teocht go dtí -27 °C (-17 °F).

Bhí gaoth ghéar ann. Chroith na fir go léir lámha a chéile is iad ag fágaint slán ag a chéile.

Nuair a bhí siad ina seasamh ar Ardán oighreata an Mhoil, d'fhéach an triúr a bhí ag filleadh ar an gcampa ar an gcúigear a bhí ag dul ar aghaidh. Tar éis tamaill ní raibh sa chúigear ach spotaí agus ansin bhí siad imithe.

Líon na deora i súile Tom. Thosaigh na deora ag titim ar an sneachta.

Ní fhaca éinne an Captaen Scott ná a fhoireann ina mbeatha arís.

# 8

## Rás chun na Beatha

Chas Tom timpeall. Bhí a fhios aige go raibh rás roimhe – rás chun an triúr acu a choimeád beo.

Bhí an turas ó Ardán an Mhoil chuig an bpríomhchampa thart ar 1,200 km (750 míle). Bhí na fir spíonta. Bhí seachtainí caite acu ag tarraingt na sleamhnán. Bhí a fhios acu go raibh turas de sé nó seacht seachtainí rompu.

Bhí áthas ar Tom go raibh fir mhaithe in éineacht leis. Bhí a chara Bill Lashly an-thiúfáilte. Bhí Tomás agus Bill le chéile ar an *Endurance*. Oifigeach maith ba ea an Leifteanant Teddy Evans. Bhí a fhios aige go raibh an turas dainséarach.

Bhí scileanna loingseoireachta ag Teddy Evans. Ní raibh na scileanna seo ag Tom ná ag Bill. Dá bhrí sin bhí Teddy an-thábhachtach.

Bhí an triúr tuirseach traochta. Bhí siad ag siúl ar feadh deich seachtainí gan sos agus bhí ocras orthu freisin. Bhí bia agus fearas campála acu ar an sleamhnán. Mheáigh sé 180 kg (400 punt). Bhí na fir lag agus bhí an sleamhnán trom dóibh.

Thosaigh siad ag dul síos Oighearshruth Beardmore. Bhí an bia ag rith amach. Bhí imní orthu mar bhí orthu teacht ar an gcéad stóras bia eile gan mhoill.

Ach bhí radharc uafásach rompu nuair a dhreap siad cnoc oighreata. Bhí aillteacha contúirteacha agus talamh dainséarach os a gcomhair.

An raibh rogha acu dul ar ais agus bealach eile a fháil? Ní raibh mórán ama acu. Ní raibh an dara rogha acu. Bhí orthu dul ar aghaidh.

Bheartaigh siad dul ar an sleamhnán agus é a úsáid mar charr chun sleamhnú síos an fána oighreata.

Dhreap na fir go tapa ar an sleamhnán, a ngéaga timpeall ar a chéile. Thug siad cic don sleamhnán. Thosaigh siad ag béiceadh go hard agus síos an cnoc leo ar nós na gaoithe. Ní raibh a fhios ag éinne cá stopfaidís. Léim an sleamhnán thar na scoilteáin.

Rug na fir greim daingean ar a chéile agus an sleamhnán ag réabadh síos an cnoc ar luas timpeall 100 ksu (60 msu). Bhí sceon agus sceitimíní orthu.

Go tobann bhuail an sleamhnán i gcoinne droim sléibhe sneachta. D'iompaigh se bun os cionn agus thosaigh sé ag rolláill timpeall. Bhí na fir caite timpeall cosúil le bábóga éadaigh. Stop sé sa deireadh. Bhí siad slán!

Sheas an triúr acu go mall. Chroith siad an sneachta díobh féin. Scrúdaigh siad an damáiste. Bhí an t-ádh leo mar bhuail siad sneachta bog ag bun an fhána. Níor bhuail siad in aghaidh carraigeacha. Níor thit siad isteach i scoilteán. Ach bhí bríste Tom ina ghiobail.

Tamall gearr ina dhiaidh sin bhí an t-ádh leo arís nuair a shroich siad an stóras bia. Bhí béile blasta acu an oíche sin! Ach ní raibh siad ó bhaol.

Cúpla míle síos Oighearshruth ollmhór Beardmore, bhí na fir i dtrioblóid arís. Bhí scoilteán leathan béaloscailte amháin rompu. Bhí na fir ag iarraidh bealach slán a fháil timpeall an scoilteáin.

Chonaic siad droichead oighir. Bhí poll dubh faoin ndroichead. Bhí siad ceangailte le chéile fós. Níor labhair éinne mar bhí eagla an domhain orthu. Dhírigh siad an sleamhnán go mall i dtreo droichead an oighir.

Chuaigh Bill trasna an droichid ar dtús. Bhí se ar a lámha agus ar a chosa. Ghlaoigh sé ar Tom agus ar Lt Evans. Dhírigh Tom agus Lt Evans an sleamhnán trasna go mall agus go cúramach. Bhí siad ar an dtaobh eile.

Bhí siad scanraithe agus níos déanaí dúirt Tom, 'Thrasnaíomar trasnán Ifrinn.'

Bhí an t-ádh leo uair amháin eile. Tamall beag ina dhiaidh sin shroich siad bun Oighearshruth Beardmore agus a stóras bia. Bhéic Tom le háthas.

Ach bhí siad fós 640 km (400 míle) ón bpríomhchampa.

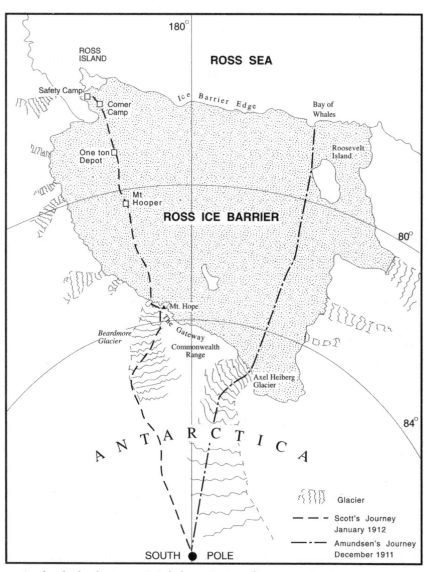

*An bealach chuig an Mol: lorg Amunsden agus Scott ar a n-aistir 1,800 míle i 1911–12.*

# 9

# Misneach

Maidin amháin, chonaic Tom Crean go raibh Lt Evans tinn. Bhí siad an-bhuartha mar loingseoir ba ea Lt Evans. Leag Lt Evans an cúrsa amach agus gan loingseoir bheadh siad i gcruachás. Bhí eagla orthu go mbeadh na cosáin clúdaithe leis an sneachta.

Bhí galar uafásach ag Lt Evans. Ní raibh go leor Vitimín C sa chorp aige. Bhí an galar carrach aige. Ba mhinic a fuair mairnéalaigh an galar seo. Faigheann an duine Vitimín C ó bheith ag ithe torthaí úra, feoil no glasraí. Tá an galar carrach beagnach imithe anois.

Bhí na fir ag máirseáil gan bia úr le trí mhí. Ní raibh aon Vitimín C sa bhrúitín mar ní raibh sé úr.

Ba é Lt Evans an chéad duine a thosaigh ag lagú. Bhí eagla ar Tom agus ar Bill mar ní raibh aon Vitimín C acu ach an oiread.

Shiúil na fir chomh tapa agus ab fhéidir leo ach bhí siad ag éirí tuirseach. Bhí an Lt Evans an-lag. Ní raibh sé ábalta an sleamhnán a tharraingt. I gceann cúpla lá thit sé i laige.

Bhí siad fós 320 km (200 míle) ón bpríomhchampa.

Chonaic Tom agus Bill go raibh Lt Evans ag dul in olcas de réir a chéile. Ar dtús bhí sé ró-thinn chun an sleamhnán a tharraingt. Thosaigh sé ag siúl ach bhí sé ag titim siar. Ansin ní raibh sé ábalta siúl.

Bhí siad 160 km (100 míle) ón bpríomhchampa.

Bhí a fhios ag Tom go raibh Lt Evans ag fáil bháis. Thit sé i bhfanntais uair amháin. Chuaigh Tom ar a ghlúine in aice leis agus thosaigh sé ag caoineadh. Thit deora Tom ar aghaidh Lt Evans agus dhúisigh Lt Evans ansin.

Thuig Lt Evans go raibh sé i mbaol. Dúirt sé le Tom agus Bill dul ar aghaidh agus é féin a fhágáil san áit ina raibh sé.

Dhiúltaigh Tom agus Bill. Níor lean siad an t-ordú.

D'ardaigh siad Lt Evans go réidh ar an sleamhnán. Shocraigh siad é a tharraingt abhaile.

Bhí sé an-deacair dóibh. Ní raibh aon sos acu le timpeall cúig seachtain déag. Bhí siad spíonta agus ag éirí lag leis an ocras.

Bhí Lt Evans ar an sleamhnán. Bhí an bheirt eile tuirseach traochta ag tarraingt an tsleamhnáin.

Chaith siad ar an sneachta aon rud nach raibh gá leis.

Tharraing na fir thraochta seo Lt Evans agus é i mbaol a bháis. Ghluais siad go fiormhall. Tharraing siad an sleamhnán timpeall deich n-uaireanta sa lá. Shiúil siad míle san uair. Thit an teocht mar bhí an samhradh ag imeacht agus an geimhreadh ag teacht.

San oíche thóg siad Lt Evans den sleamhnán. Chuir siad isteach ina mhála codlata é. Bhí Lt Evans chomh tinn sin gur cheap sé nach mbeadh sé beo ar maidin. Oíche amháin cheap sé go raibh Tom agus Bill á chur isteach san uaigh.

Níor chaill Tom dóchas riamh. Bhí a spiorad go hiontach. Chan Tom amhráin dóibh chun iad a spreagadh.

Ach bhí láidreacht Tom agus Bill ag laghdú. Ní raibh go leor le n-ithe acu. Bhí Lt Evans beagnach marbh.

Bhí siad an-thuirseach agus ní raibh siad ábalta siúl go tapaidh.

Bhí gaoth nimhneach ann agus thosaigh an aimsir ag dul in olcas. Bhí ocras orthu. Bhí siad i gcruachás.

Ní raibh siad ag súil le cabhair ón bpríomhchampa. Ní raibh a fhios ag éinne go raibh siad i dtrioblóid. Bhí siad ina n-aonar.

Ghluais siad ar aghaidh go mall agus bhí siad 65 km (40 míle) ón bpríomhchampa. Ag an ráta seo bhí sé nó ocht lá le siúl acu. Ach ní raibh go leor bia ann i gcomhair dhá lá nó trí lá.

Bheartaigh na fir an béile bhrúitín a ghearradh ina leath. Theastaigh uathu go mbeadh go leor bia acu. Ach bhí siad ag titim leis an ocras faoin am seo.

An lá ina dhiaidh sin bhí a neart imithe. Bhí siad 56 km (35 míle) ón bpríomhchampa. An oíche sin chuaigh Tom agus Bill ar a nglúine sa sneachta. Ní raibh siad ábalta coiscéim eile a thógaint. Níorbh fhéidir leo an sleamhnán a tharraingt.

Bhí na fir ag smaoineamh go mbeadh foireann cúigear fear an Chaptaen Scott ag filleadh ón Mol Theas. Bhí siad ag smaoineamh freisin go mbeadh madraí ón bpríomhchampa amuigh sa sneachta á lorg.

D'imigh Tom amach ach ní fhaca sé an Captaen Scott ag teacht. Ná ní raibh madraí ag teacht.

Bhí Tomás, Bill agus an Lt Evans ina n-aonar ar an oighear.

# 10

## An Mháirseáil ba Mhisniúla

D'fhéach Tom Crean ar lámha an uaireadóra. Bhí sé a deich a chlog maidin Domhnaigh 18 Feabhra. Lá geal a bhí ann. Bhí an ghrian ag taitneamh. Bhí an t-oighear ag glioscarnaigh. Bhí sé anfhuar ach bhí an ghaoth deas éadrom.

D'fhág Tom slán ag Lt Evans a bhí ina chodladh sa mhála codlata. Chroith sé lámh le Bill.

I gceann cúpla nóiméad thosaigh Tom ag siúl ar thuras a bhainfeadh clú agus cáil amach dó.

Bhí sé ag iarraidh dul chuig an bpríomhchampa chun cabhair a fháil do Lt Evans agus do Bill. Bhí Lt Evans i mbaol báis. Bhí bás nó beatha ag brath ar Tom.

Níos luaithe ar maidin bhí a fhios acu nach raibh siad ábalta an sleamhnán a tharraingt a thuilleadh. Níorbh fhéidir leo go léir fanacht sa phuball. Ní raibh a fhios ag éinne cá raibh siad.

Dá bhrí sin thosaigh Tomás ag siúl ina aonar go dtí an príomh-champa. Bhí 56 km (35 míle) le siúl aige. Bhí sé an-chróga.

Bhí sé spíonta. Bhí sé préachta leis an bhfuacht agus bhí sé stiúgtha leis an ocras. Le ceithre mhí bhí timpeall 2,400 km (1,500 míle) siúlta aige.

Ní raibh ach puball amháin acu. Bhí sorn beag acu chun bia agus deochanna te a ullmhú. Theastaigh an puball agus an sorn ó Bill chun aire a thabhairt do Lt Evans a bhí an-lag faoin am seo. Níor thóg Tom a mhála codlata trom leis.

Ní raibh a dhóthain bia ag Tom don turas. Ní raibh ach trí bhriosca agus píosa seacláide aige.

Ar aghaidh le Tom ar a shiúlóid cháiliúil. Bhí sé ag iarraidh dul chomh tapa agus ab fhéidir leis. Is cinnte go raibh a fhios aige go raibh sé i mbaol, gan phuball ná mála codlata.

Bhí sé ag siúl go mall mar bhí an sneachta bog. Ní raibh bróga sneachta ná scíonna aige. Bhí sé ina aonar ar fad.

Bíonn bróga le spící miotail ag taiscéalaithe an lae inniu. Ach bhí buataisí fionnaidh ar Tom. Ní raibh sé ábalta greim a fháil ar an oighear.

Bhí sé an-fhuar. Shéid an ghaoth blúirí beaga oighir timpeall. Ghearr siad aghaidh Tom agus é ag gluaiseacht. D'ardaigh sé a lámha os cionn a aghaidh chun an t-oighear a choimeád amach uaidh.

Istigh sa phuball, chuir Bill an Lt Evans ina shuí. D'fhéach siad go ciúin ar Tom agus é ag iarraidh siúl ar an sneachta bog agus é ag sciorradh ar an oighear sleamhain go minic.

Chuaigh Tom ar aghaidh ach ní raibh sé éasca. D'fhéach sé ar ais ar an bpuball ó am go ham. Ansin bhí an puball imithe as radharc. Ach bhí dóchas aige.

Bhí sé ag gluaiseacht go mall. Bhí sé tuirseach traochta agus bhí sé ag titim leis an ocras. Ní raibh deoch aige. D'ól sé oighear a phioc sé den talamh. Bhí sé ag smaoineamh ar mhuga tae nó caifé.

Thaistil Tom sé mhíle dhéag gan sos. Shiúil sé, chuaigh sé ag lámhacán, agus ba mhinic a thit sé. Bhí sé leathshlí go dtí an príomhchampa nuair a bhí briseadh aige.

Shuigh sé síos ar an sneachta. Bhí sé caite amach. D'ith sé dhá bhriosca agus an tseacláid go léir. Theastaigh deoch the uaidh ach ní raibh deoch aige. Chuir sé briosca amháin ar ais ina phóca.

Bhí níos mó tuirse ar Tom tar éis an bhriseadh. Níorbh fhéidir leis dul a chodladh sa bhfuacht.

Thosaigh sé ag siúl níos tapúla mar sin. Bhí aillteacha dainséaracha i ngach áit. Dá gcuirfeadh sé cos amú bheadh deireadh leis!

De réir a chéile ghluais Tom ar aghaidh i dtreo an phríomh-champa. Tar éis roinnt uaireanta shroich sé cnoc beag. Bheadh sé ábalta féachaint ar an gcampa ón mbarr. Bheadh sé ábalta cabhair a fháil.

Ach bhí Tom an-thuirseach ar fad agus bhí sé deacair dó an cnoc a dhreapadh.

Faoi dheireadh shroich sé barr an chnoic. D'fhéach sé síos ar an bpuball ach ní raibh fir ná madraí le feiceáil. Bhí an-díomá air.

Bhris an radharc croí Tom. Ní raibh éinne sa champa chun cabhair a thabhairt do Bill agus Lt Evans. Bhí campa eile 22 km (14 míle) uaidh. Níor theastaigh uaidh smaoineamh ar mháirseáil eile.

D'ith Tom an briosca deiridh. Chuir sé píosa oighir ina bhéal. Ach bhí baol eile ann.

Ón gcnoc chonaic Tom na scamaill ag dorchú. Bhí stoirm ag teacht. Bhí an ghaoth ag ardú. D'éirigh Tom níos fuaire. Bhí Tom láidir ach bhí a fhios aige nach mbeadh sé ábalta fanacht amuigh faoin aer i stoirm an Antartaigh.

Rith sé síos an cnoc agus é spíonta. Uaireanta thit sé go trom. Bhí an stoirm ag béiceadh agus ag rás ina threo.

Bhí sé scanraithe anois. Bhí se lag agus bhí an aimsir go hainnis ar fad.

Ansin chonaic se lorg na madraí ar an sneachta. Líon a chroí le dóchas. Bhrostaigh sé go dtí an campa. Bhí sé ag rás leis an stoirm anois.

Chaith Tom é féin i dtreo an dorais nuair a shroich sé an campa. Thit sé i bhfanntais ar an talamh. Bhí sé préachta leis an bhfuacht, tuirseach traochta agus lag leis an ocras.

Bhí an t-ádh leis go raibh dochtúir sa champa – an t-aon dochtúir laistigh de 640 km (400 míle).

Thug sé taoscán branda láithreach do Tom. Shlog Tom siar é. D'éirigh sé tinn láithreach.

Bhí sé 3.30 ar maidin ar an 19 Feabhra. Bhuail an stoirm an campa. Bhí an t-ádh le Tom arís go raibh sé istigh sa champa. Bhí sé slán ón stoirm.

Bhí turas de 56 km (35 míle) críochnaithe aige. Shiúil se gan sos ceart ná bia te ná deoch. Chaith sé ocht n-uaire déag ar a shiúlóid aonair.

Bhí Tom cúthaileach. Ní raibh sé riamh ag maíomh as an ngaisce iontach seo. Dúirt sé, 'Chabhraigh mo chosa fada liom ach bhí mé traochta sa deireadh.'

Bhí an gaisce seo thar barr. Ba í seo an tsiúlóid aonair ba chróga riamh sa sneachta agus san oighear.

# 11

## Bás agus Beatha ar an Oighear

Bhí Tom Crean lag i ndiaidh a thurais fhada chun Bill agus Lt Evans a shábháil. Ach d'éirigh sé as a leaba go cróga. Theastaigh uaidh filleadh ar an oighear chun na fir a thabhairt slán.

Níor thug an dochtúir cead dó imeacht. Bheartaigh an dochtúir an turas a dhéanamh nuair a bheadh an stoirm imithe. D'fhág sé Tom ina dhiaidh sa phuball, thóg sé madraí leis agus as go brách leis. Shroich siad an puball beag. Bhí Bill agus Lt Evans ag fanacht le cabhair ann go foighneach. Bhí siad díreach in am.

Thosaigh na madraí ag tafann go hard. Rith siad go dtí an puball go tapa. Bhí Lt Evans beagnach marbh.

Bhí áthas ar na fir nuair a bhuail siad le Tom arís sa champa. Bhí siad beo de bharr mhisneach Tom.

Fuair Tom an bonn Rí Albert níos déanaí. Thug an Rí Seoirse an bonn dó i bPálás Buckingham nuair a tháinig sé ar ais ón Antartach. Faigheann daoine an bonn seo nuair a bhíonn siad an-mhisniúil ar fad.

Bhí na taiscéalaithe sa phríomhchampa imníoch anois. Chonaic siad go raibh Tom, Bill agus an Lt Evans i dtrioblóid. Má bhí fadhbanna ag na fir chrua láidre sin bhí siad cinnte go mbeadh deacrachtaí ag an gCaptaen Scott.

Chreid cuid acu go raibh an Captaen Scott i gcruachás. Bhí an ceart acu.

Shroich an Captaen Scott agus a cheathrar compánach an Mol Theas i Mí Eanair 1912. Nuair a chonaic siad brat na hIoruaidhe ag séideadh sa ghaoth bhí said croíbhriste, áfach. Bhuaigh Amundsen an rás chun an Mhoil. Bhí an rás buaite aige le haon mhí amháin.

Bhí an-díomá orthu agus bhí siad préachta leis an bhfuacht. Bhí 1,400 km (900 míle) le siúl ag an gCaptaen Scott agus a chuid fear. Fuair an cúigear bás ar a slí thar n-ais.

Bhí na fir eile ag fanacht sa phríomhchampa. Bhí siad compórdach istigh sa champa. Nuair a bhí laethanta geala ann chuaigh siad amach go barr an chnoic. D'fhéach siad i dtreo bhun na spéire ag súil le radharc a fháil ar Scott agus a chomrádaithe. Ach ní raibh an Captaen Scott agus na fir ag teacht, is baolach.

D'imigh na míonna thart. Chreid siad go raibh na taiscéalaithe marbh faoin am seo. Ní raibh siad ábalta dul amach mar bhí an geimhreadh dorcha ann. Bhí orthu fanacht leis an earrach roimh dhul amach chun na coirp a fháil.

Bhí Tom ar fónamh arís nuair a bhí an geimhreadh thart. Thosaigh sé féin agus na fir ag siúl ó dheas arís. Bhí an Captaen Scott agus an ceathrar á lorg acu. Tar éis cúpla seachtain chonaic Tom agus na daoine eile barr champa an Chaptaen Scott.

Scríob siad an sneachta den phuball. Chonaic siad coirp an Chaptaen Scott agus a bheirt chomhleacaí istigh ann. Fuair an bheirt eile bás freisin ach ní bhfuarthas a gcoirp riamh.

Bhí na fir an-bhuartha agus trína chéile gan amhras. Bhí Tom ag caoineadh. Phóg sé éadan an Chaptaen Scott.

Chlúdaigh siad na mairbh leis an bpuball agus leis an sneachta. Sheas siad go ciúin ann. Thit an teocht go −29 °C (-20 °F). Bhí an ghaoth an-fhuar.

Bhí sé in am dóibh dul abhaile. Tháinig an long an *Terra Nova* ar ais go dtí an príomhchampa i rith an tsamhraidh. I gceann cúpla mí bhí siad san Eoraip arís. Bhí dhá bhliain ann ó d'fhág an fhoireann an Eoraip.

# 12

## I bhFostú Oighreata

Thaitin an saol ar an oighear le Tom. Ní haon ionadh mar sin gur chuaigh sé ar ais chuig an Antartach i gceann ocht mí dhéag.

Bhí an-chuid taithí aige anois ar bheith ar an oighear. D'iarr Ernest Shackleton air imeacht ó dheas arís. Bhí Shackleton ar an *Discovery* le Tom cheana. Bhí an-mheas aige ar Tom.

Shocraigh Shackleton siúl ó chósta go cósta trasna mór-roinn na hAntartaice go léir – timpeall le 2,800 km (1,800 míle) de shiúlóid.

Ní raibh aon eolas ar fáil ar an gcuid ba mhó de lár na hAntartaice. Ba dhainséarach an turas é. Bhí fógra ar pháipear nuachta ag an am sin a dúirt, 'Fir á lorg do thuras. Pá beag, fuacht nimhneach, dorchadas ar feadh míonna fada agus dainséar i gcónaí.'

Cé go raibh contúirt ann an t-am ar fad, bhí an pá beag. Fuair Tom timpeall £3 sa tseachtain - €210 nó £145 sa tseachtain sa lá atá inniu ann.

Thosaigh an eachtra i samhradh 1914. Bhí an Chéad Chogadh Domhanda ag tosnú san Eoraip. Ar dtús bhí Shackleton chun seoladh chuig na hOileáin Fhálclainne in Aigéan an Atlantaigh Theas. Ach bhí na Gearmánaigh ag cruinniú i gcomhair chogaidh mhóir san fharraige ansin. Dá bhrí sin ní dheachaigh Shackleton ann.

Sheol an *Endurance* go dtí oileán beag na Seoirsa Theas san Aigéan Theas. Bhí drochscéal ag fanacht leo, áfach.

Bheadh ar an *Endurance* 1,600 km (1,000 míle) den Mhuir Weddell a thrasnú chun dul go dtí an t-Antartach. Bhí an Weddell lán d'oighearchnoic a bhí an-chontúirteach. Fiú amháin sa lá atá inniu ann ní thaitníonn an Weddell le taiscéalaithe.

Bhí an t-oighear go dona sa Mhuir Weddell i 1914. Cé gur chuala Shackleton an scéal sin ó shealgairí na hIoruaidhe, lean sé ar aghaidh.

Nuair a chuaigh an *Endurance* isteach sa Mhuir Weddell, bhí an long i dtrioblóid. D'fhéach na fir ar an oighear ag dúnadh isteach ar an long.

Tar éis tamaill ní raibh an long in ann seoladh leis an oighear ina thimpeall ó gach taobh.

Bhí 28 fear ar bord an *Endurance*. Bhí taiscéalaithe, eolaithe agus mairnéalaigh ann. Cheap siad go mbeadh turas tapa acu chuig an Antartach agus thar n-ais.

D'éalaigh fear amháin ar bord i ngan fhios d'éinne. Fuair siad amach go raibh sé ar bord cúpla lá tar éis an tSeoirsa Theas a fhágáil.

Ní raibh raidió ar bord. Ní raibh long ar bith sa réigiún seo. Bhí siad gearrtha amach ón saol. Bhí geimhreadh dorcha an Antartaigh ag teacht.

# 13

# Sáinnithe

Bhí a fhios ag Tom Crean go mbeadh an geimhreadh go dona. Bhí sé i ndiaidh geimhreadh an Antartaigh a fheiceáil cheana.

Ach nuair a bhí an *Discovery* i dtrioblóid san oighear cúpla bliain ó shin bhí a fhios ag an gcabhlach go raibh an *Discovery* ann.

Ní raibh cabhair ar bith le fáil don *Endurance* ó aon chabhlach. Bhí na fir ar bord ina n-aonar gan éinne chun teacht i gcabhair orthu.

Ghluais an t-am go mall. D'imir cuid acu peil ar an oighear. Bhí cuid acu ag ullmhú don turas, lán de dhóchas i gcónaí. D'imir siad cártaí san oíche. Bhí siad ag canadh. Bhí cuid acu ag fiach i gcomhair bia, ag marú rónta nó piongainí. Lá amháin bhearr 28 fear a gcuid gruaige!

Bhí siad ag iarraidh an t-oighear a bhriseadh. Bhain siad úsáid as piocóidí agus as sábha. Ach theip orthu an t-oighear a bhriseadh. D'fhan an long san oighear.

Bhí Tom gnóthach ag ullmhú don aistear agus ag tabhairt aire do na madraí.

Bhain Tom taitneamh as bheith ag obair leis na madraí. Bhí Surly mar cheannaire ar na madraí eile. Madra deas ba ea é ach lá amháin, baineadh geit as Tom nuair a d'éirigh sé crosta. Bhí ainmneacha ar nós Samson, Wolf, Shakespeare, Judge, Steamer, Jerry, Saint agus Sadi ar roinnt de na madraí eile.

Bhí cat acu freisin. 'Mrs Chippy' ab ainm dó cé gur cat fireann é. Thaitin Mrs Chippy leis na fir go léir.

Thóg siad grianghrafanna de na hainmhithe. Thug siad bia dóibh óna bplátaí féin. Thaitin na hainmhithe go mór leo.

Bhí orthu siúl leis na madraí chun iad a choimeád bríomhar. Thaitin an obair sin le Tom mar bhí grá aige do na hainmhithe.

Lá amháin bhí rás acu le foirne madraí. Bhí an-spórt acu. Bhí foireann Tom sa tríú áit i 'Derby an Antartaigh'.

Baineadh geit as Tom lá amháin nuair a bhí ceithre choileán ag Sally. Bhaist Tom Roger, Toby, Nell agus Nelson orthu.

Thug Tom aire an-mhaith do na coileáin. Bhí brón orthu nuair a d'imigh Tom as radharc. Rinne se teach cónaithe dóibh ar an oighear. Cró na gCon a ghlaoigh sé air.

Mhúin Tomás do na madraí conas orduithe a leanúint. Thug sé treoir shimplí do na coileáin. Dúirt sé 'Mush' agus thosaigh an fhoireann ag gluaiseacht. Nuair a ghlaoigh sé amach 'Ha' chas siad ar chlé agus nuair a ghlaoigh sé 'Gí' d'iompaigh siad ar dheis. Chuir 'Hó' stop leo.

Ach bhí a fhios ag na fir go raibh siad i mbaol.

Ní raibh feoil úr acu. Bhí eagla orthu roimh an ngalar carrach. Chuaigh siad amach go minic ag iarraidh rónta is piongainí a mharú.

Bhí na rónta luachmhar mar thug siad feoil agus breosla do na mairnéalaigh. Theastaigh breosla uathu don chócaireacht agus do sholas na lampaí.

Bhí fáilte acu roimh aon sort bia. Uair amháin léim liopard mara ar an oighear. Mharaigh siad é. Nuair a ghearr siad a bholg bhí seacht n-iasc istigh ann. Bhí iasc 'úr' acu an oíche sin!

Choimeád rón úr agus feoil phiongaine an galar carrach uathu. Ach bhí an iatacht orthu go dona!!

D'imigh na seachtainí agus na míonna. Bhí an *Endurance* greamaithe fós. Ach bhí an t-oighear ag gluaiseacht, ag bogadh go mall le sruth taoide. Thosaigh an *Endurance* ag gluaiseacht le sruth ach ní raibh an long saor.

Ar aghaidh leis an *Endurance* ó dheas i dtreo chósta an Antartaigh. Bhí an long an-chóngarach don talamh uair amháin. Ach bhí oighear fós idir an *Endurance* agus an cladach.

Tamaillín ina dhiaidh sin d'athraigh sruth na taoide is chas an *Endurance* ón deisceart chuig an tuaisceart. Ghluais an long amach ón talamh.

Ar feadh naoi mí bhí an *Endurance* greamaithe san oighear. Ní raibh an long ábalta bogadh. Thóg an taoide an long beagnach 1,600 km (1,000 míle) ó thuaidh. Bhí siad i bhfad ón gcosta agus bhí baol eile rompu.

Thosaigh taoide níos láidre ag croitheadh an oighir. Ghluais an long go mall ó thuaidh. Bhí oighearchnoic ollmhóra ag bualadh le chéile. Tharraing na sruthanna an long ar aghaidh.

Bhí a fhios ag na taiscéalaithe go raibh an long i mbaol briseadh. Ach bhí siad 400 km (250 míle) ó thalamh. Bhí an talamh sin trasna an oighir bhriste.

Thosaigh brú an oighir ar an long a bhriseadh le himeacht na seachtainí. Bhí na fir ag éisteacht leis an adhmad ag briseadh istoíche.

Thosaigh an t-oighear ag gluaiseacht níos tapúla. Bhí cúrsaí níos measa anois. Bhí port an *Endurance* seinnte.

Scoilt cláracha na loinge. Bhí siad cosúil le cipíní solais. Dhoirt an t-uisce isteach. Bhéic an t-adhmad faoin strus. Bhris na bíomaí. Bhí an fothram scanrúil.

Thosaigh na fir ag pumpáil amach an uisce. Bhí a fhios ag Tom go raibh an long ag suncáil. Thosaigh sé ag lionadh an tsleamhnáin le bia.

# 14

## Imithe le Sruth

Bhí Tom Crean ag obair ar a dhícheall. Thóg na fir bia agus soláthair amach as an long. D'ullmhaigh siad na sleamhnáin don aistear. Bhí sé an-thábhachtach anois talamh slán a shroichint.

Rinne siad bothán oighir do na madraí. Thóg siad trí bhád tarrthála go cúramach as an long.

Chruinnigh na fir le chéile ar an oighear, ag féachaint ar an *Endurance* bhocht. Bhí an bia, na pubaill, fearas, madraí, cat amháin agus trí bhád tarrthála acu amuigh ar an oighear.

Bhí an *Endurance* ar snámh ar oighearshlaod a bhí 2 m (6 tr) ar tiubhas. Faoin oighearshlaod bhí 3.5 km (2 míle) d'aigéan dubh reoite.

I Mí na Nollag 1915 ghéill an *Endurance*, bliain ó d'fhág sí an tSeoirsa Theas. Bhí an long tar éis imeacht beagnach 2,000 km (1,200 míle) ar strae.

Ní raibh ach dhá rogha ag na fir – aistear dainséarach trasna an oighir chuig an talamh 400 km (250 míle) uathu nó dul le sruth.

D'imigh na seachtainí thart. Lean an t-oighearshruth ag gluaiseacht ar aghaidh go mall ó thuaidh ach ní fhaca siad an fharraige oscailte. D'ith siad feoil na rónta agus na bpiongainí. D'ullmhaigh Tom a chuid sleamhnán.

Bhí siad ag iarraidh teacht ar thalamh nó ar an uisce oscailte. Bheadh bia ag teastáil don turas agus bheadh orthu puball, fearas cócaireachta agus báid tharrthála a thabhairt leo freisin. Chuir siad ráillí sciála faoi na báid chun iad a tharraingt thar an oighear.

D'fhág na fir boinn óir, uaireadóirí agus Bíobla, fiú, ar an sneachta. Ní raibh cead ag éinne ach luach 900 g (2 phunt) de rudaí pearsanta a choimeád.

Bhí siad an-bhuartha ar fad nuair a bhí orthu cuid de na hainmhithe a mharú. Thóg siad leo na hainmhithe is láidre.

Bhí brón ar Tom. Bhí grá mór aige do na hainmhithe, go mór mhór na coileáin mar bhí sé i gcónaí ag tabhairt aire dóibh. Bhí sé croíbhriste nuair a bhí orthu iad a mharú. Mharaigh siad peata cait na loinge, Mrs Chippy.

Bhí uaigneas ar na taiscéalaithe i ndiaidh na n-ainmhithe. Bhí siad ag caoineadh ach ní raibh aon rogha acu ach iad a mharú.

Bhí na báid róthrom agus bhí sé deacair ar na fir gluaiseacht ar aghaidh. Mheáigh bád amháin 1,000 kg (1 tonna).

Chuaigh ceathrar chun cinn le piocóidí agus sluasaid, chun bealach a dhéanamh do na fir a bhí ag tarraingt na mbád. Bhí líne fhada ar an oighear le fir, madraí, báid agus na sleamhnáin.

Níor shiúil siad ach 1.6 km (1 míle) an chéad lá. An lá ina dhiaidh sin níor shiúil siad ach 1.6 km (1 míle) arís. Stop siad ar an tríú lá. Ní raibh siad ábalta dul níos faide.

Bhí siad dóchasach go ngluaisfeadh an t-oighearshruth ó thuaidh. Ach bhí an baol ann freisin go ngluaisfeadh an t-oighearshruth ón talamh amach.

Bhí an t-ádh leo gur ghluais an t-oighearshruth ó thuaidh. Rinne siad iarracht eile teacht ar thalamh nó ar uisce oscailte roimh Nollaig.

Ach bhí an obair an-chrua. Reoigh na ráillí sciála faoin mbád go minic. Ní raibh na fir ábalta an bád a tharraingt níos faide ná 200 m (220 slat) gan titim i laige.

Bhí talamh 480 km (300 míle) uathu san iarthar. Ach bhí siad ag gluaiseacht chomh mall sin go dtógfadh se deich mí chun talamh slán a shroichint.

Thóg na fir campa ar an oighear. Ní raibh siad ábalta máirseáil níos faide. Bhí siad ag fanacht leis an taoide chun an t-oighearshruth a bhogadh. Ní raibh a fhios acu cén treo a bheadh an t-oighearshruth ag gluaiseacht. Ghlaoigh siad Campa na Foighne ar a gcampa nua!

Bhí dainséar nua ann. Ní raibh mórán bia acu. Ní raibh dóthain breosla ann ach chun deoch amháin a ullmhú sa lá. Ní raibh aon rogha ag na fir ach feoil an mhadra a ithe.

Gan bia, bheadh na madraí lag den ocras. Dá bhrí sin bheartaigh na fir iad a mharú. Bhí orthu coileáin Tom a mharú freisin.

Bhí fir chrua mar Tom ag caoineadh. Ach ní raibh an dara rogha acu. Ní thagann daoine laga slán as aistear chun an Mhoil.

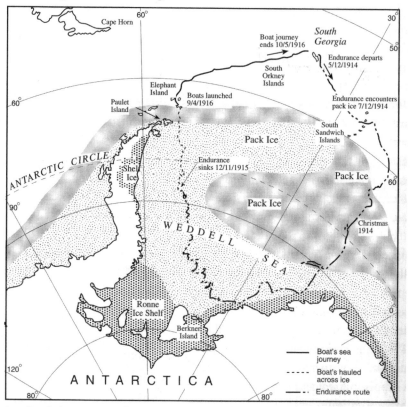

*An fhadulaingt:* Endurance *ag imeacht le sruth trí Mhuir Weddell agus turasanna na heachtra ina dhiaidh sin chuig Oileán Eilifínte agus chuig an tSeoirsa Theas.*

# 15

## Chun na Farraige leis na Báid

D'ól Tom Crean an cócó te. Thaitin an deoch blasta leis. Bhí deireadh leis an gcócó anois, áfach.

Bhí na rónta agus na piongainí beagnach imithe ón oighear. Chuaigh na fir ag lorg cnámha, fiú. Ní raibh mórán bia fágtha acu.

Bhí formhór an tae ólta. Ní raibh le n-ól acu ach bainne ó phúdar.

Bhí áthas orthu nuair a bhraith siad an fharraige ag gluaiseacht faoina gcosa. Bhí a fhios acu ansin go raibh uisce oscailte ann, saor ón oighear. Chonaic siad go raibh an t-oighear ag briseadh suas. Bhí siad ábalta barr na sléibhte, faoi bhrat sneachta a fheiceáil ar lá geal i bhfad uathu.

Bhí dóchas acu ach d'imigh an dóchas nuair a thug an taoide iad i dtreo na bhfarraigí oscailte. Ní dheachaigh siad i dtreo na sléibhte. Ghluais siad i dtreo Bealach Drake, áit an-dainséarach ar fad. Ní raibh aon talamh sa cheantar seo. Bhí an Bealach Drake idir Mheiriceá Theas agus an tAntartach.

Bhí a fhios acu go raibh dhá oileán bheaga os a gcomhair in áit éigin. Bhí Oileán Clarence agus Oileán Eilifinte mar spotaí san aigéan mór. Ní raibh daoine ina gcónaí orthu.

Bhí fadhb eile ann. Thit an teocht go tobann. Bhí an aimsir ag éirí níos fuaire. Bhí an samhradh ag imeacht agus an fómhar ag teacht. D'éirigh an ghaoth níos láidre. Bhí lá gearr anois ann. Bhí eagla orthu roimh an ngeimhreadh ar an oighearshlaod.

Bhí an t-ádh leo mar chonaic siad stráicí oscailte uisce nuair a bhí an t-oighearshlaod ag gluaiseacht ó thuaidh. Chonaic siad Oileán Clarence agus Oileán Eilifinte os a gcomhair. Bhí sé in am dóibh na báid a chur san fharraige.

Bhí siad i ndiaidh 3,200 km (2,000 míle) a thaisteal san oighear, timpeall Mhuir Weddell. Níor cailleadh éinne. Ach ní raibh a fhios acu go raibh an chuid ba dheacra den turas fós rompu.

Ghluais na trí bháid amach ó Champa na Foighne. An *James Caird* ab ainm do cheann amháin. An *Dudley Docker* ab ainm do cheann eile agus an *Stancomb Wills* ab ainm don bhád beag. Bhí Tom mar cheannaire ar an *Stancomb Wills*.

Bhí ochtar fear ar an *Wills*. Stiúir Tom an bád agus bhí na fir eile ag rámhaíocht. Bhí meallta móra oighreata timpeall na háite. Chaith an ghaoth ard uisce ón bhfarraige orthu freisin.

Bhí siad ag iarraidh Oileán Eilifinte a shroichint. Cé nach raibh éinne ina chónaí ann, bhí talamh tirim ann.

Bhí fadhbanna acu ag iarraidh na cnoic oighir a sheachaint. Bhí sé ró-chontúirteach taisteal san oíche. Cheangail siad na báid d'oighearchnoic. Bhí brúitín acu. Leag siad a málaí codlata amach ar an oighear. Bhí sos acu.

Oíche amháin bhris an t-oighearshruth go tobann. Thit mairnéalach isteach san fharraige. Thóg duine eile amach as an bhfarraige é. Bhí brón air go raibh a phíosa tobac fliuch! Bhí a chuid éadaigh fliuch ach ní raibh éadaí tirim le fáil. Bhí eagla ar na fir go mbeadh sé reoite chun báis. Dá bhrí sin bhí orthu súil a choimeád air an oíche sin. Shiúil siad síos suas an t-oighear in éineacht leis an oíche go léir agus níor stop siad den siúl ar eagla go mbeadh sé reoite ina chuid éadaigh fliuch.

Bhí turas éasca acu i bhfarraigí ciúine chuig Oileán Eilifinte, thart ar 160 km (100 míle) chun siúil. Ach bhí sé dainséarach in uiscí oighreata an Aigéin Theas.

Bhí sé an-dheacair do Tom an *Stancomb Wills* a choimeád ar snámh san fharraige gharbh. D'eirigh leis éaló ón dainséar, áfach.

Chan Tom amhráin agus d'inis sé scéalta go minic chun na fir a spreagadh.

Chaith na fir seacht lá gránna sna báid. Bhí siad préachta leis an bhfuacht, fliuch báite agus tuirseach traochta.

Ba dheacair dul chuig an leithreas, fiú. B'éigean dóibh a dtóin a chrochadh thar thaobh an bháid. Bhí an fuacht go dona. Chuir duine an cheist seo orthu uair amháin, 'Conas a chuaigh sibh chuig an leithreas?'. 'Go tapa!', a d'fhreagair duine eile!

Thit an teocht go dtí -20 °C (-4 °F). Bhí an ghaoth ag séideadh agus ag feadaíl i ngála. Bhí na fir i mbád Tom go dona leis an bhfuacht. Thosaigh an sioc ag cur isteach ar chosa mairnéalaigh amháin, fear a tháinig ar bord i ngan fhios. Chuir sé sin eagla ar na fir eile.

Tar éis seacht lá bhí áthas an domhain orthu nuair a chonaic siad sléibhte Oileán Eilifinte. Talamh tirim ar deireadh.

Stiúraigh Tom an *Stancomb Wills* beag i dtreo an oileáin. Bhí sléibhte dubha agus aillteacha ann. Cheap siad go raibh an áit go hiontach chun tuirlingt ann.

Bhí carraigeacha ag teacht amach ón bhfarraige. Dá bhrí sin, ba dheacair bealach a fháil isteach chuig an trá. Níor theastaigh uathu timpiste a bheith acu agus iad beagnach slán sábháilte.

Chuaigh an *Wills* síos suas ag lorg spáis. Faoi dheireadh chonaic siad oscailt agus ghluais an bád in aice leis an spás. Bhí siad ag fanacht leis an gcéad tonn eile chun an bád a iompar tríd an gcaolas.

Go tobann bhris na tonnta taobh thiar díobh. Ar aghaidh leis an mbád i dtreo an spáis. Stop an bád ar an trá.

B'shin an chéad uair a chuaigh éinne beo ar Oileán Eilifinte. Bhí 497 lá imithe ón uair a sheas Tom agus foireann an *Endurance* ar thalamh tirim.

## 16

## Greim an Fhir Bháite ar an mBeatha

Bhí cosa na mairnéalach cosúil le ruibéar i ndiaidh tuirlingt ar Oileán Eilifinte ar dtús. Bhí siad chomh fada sin ar an bhfarraige agus ar an oighear go raibh a gcosa lag. Chuaigh cuid acu ar a nglúine ag guí le buíochas. Thosaigh cuid eile díobh ag caoineadh mar bhí siad slán faoi dheireadh.

Bhí cuid acu ag féachaint go dona sna báid. Bhí siad tinn agus lag. Bhí Tom Crean mar sholas dóchais i measc na ndaoine. Bhí sé láidir i gcónaí. Chabhraigh an taithí, a fuair sé ar an *Discovery* agus ar an *Terra Nova*, go mór leis.

Rinne siad deoch the as púdar bainne, go tapa. Thaitin an deoch go mór leis na fir. Thosaigh siad ag cuimhneamh ar na fadhbanna a bhí rompu.

Níor thug an t-Oileán Eilifinte ach greim lag ar an mbeatha dóibh.

Tá sléibhte gruama is aillteacha dainséaracha ann. Ní raibh siad ábalta dul isteach i lár na tíre.

Shéid an ghaoth na fir dá gcosa. D'iompaigh siad na báid tharrthála, an *Dudley Docker* agus an *Stancomb Wills*, bun os cionn. Nuair a bhí an aimsir an-gharbh d'fhan na fir faoi na báid ach níor chabhraigh 'na díonta' seo go mór leo.

Ní raibh a fhios acu conas a d'fhéadfaidís fanacht ar an oileán. Ní raibh tuairim acu cathain a bheadh seans acu imeacht as an áit.

Bhí an talamh ba chongaraí dóibh 1,000 km (600 míle) ó Oileán Eilifinte. Ní bheadh aon bhád ag dul thart ach bád a rachadh ar strae i stoirm. Bheadh orthu seoladh chuig an réigiún ba chongaraí dóibh chun a mbeatha a shábháil.

Bhí a fhios acu go mbeadh seans éigin acu teacht slán dá bhfaighidís cabhair ó na sealgairí sa Seoirsa Theas. Ocht mí dhéag roimhe sin thosaigh turas an *Endurance* ón oileán sin. Anois bheadh orthu dul ar ais ann.

Bhí Seoirsa Theas suite 1,300 km (800 míle) ó Oileán Eilifinte. Bheadh orthu seoladh thar Aigéan an Deiscirt, an fharraige is fiáine agus is suaite ar domhan.

Inniu féin, bíonn sceon ar mhairnéalaigh san Aigéan Theas. Bíonn an ghaoth ag béicigh suas go 240 ksu (150 msu) uaireanta. Bíonn na tonnta 15 m (50 tr) ar airde go minic.

Bheartaigh siad go rachadh na fir is láidre chun na Seoirsa Theas. Bhí cuid de na mairnéalaigh lag faoin am seo.

D'ullmhaigh seisear iad féin don turas agus d'ullmhaigh siad an bád an *James Caird* freisin.

Ní raibh éinne tar éis an turas sin a dhéanamh cheana. Dá bhrí sin ní raibh a fhios acu cén fhad a thógfadh sé an tSeoirsa Theas a shroichint. Ná ní raibh a fhios acu cén grúpa fear ba mheasa as – na daoine a bheadh ag seoladh thar an Aigéan Theas nó na daoine a bhí ar Oileán Eilifinte.

Bheadh seans níos fearr ag na mairnéalaigh ba láidre. Theastaigh ó Tom Crean seoladh mar bhí neart agus misneach aige. Ar dtús theastaigh ón gceannaire, Shackleton, go bhfanfadh Tom chun cabhrú leis na fir ar Oileán Eilifinte. Ach tar éis tamaill d'aithin sé go mbeadh scileanna Tom an-thábhachtach don turas.

Ní raibh am ar bith le spáráil acu. Bhí geimhreadh an Antartaigh ag teacht.

Ar dtús ghearr siad crann seoil ón mbád an *Stancomb Wills* le cur isteach sa *James Caird*. Bhí an *James Caird* níos láidre ansin. Ansin thóg siad cláracha as an *Dudley Docker* chun cliatháin an *James Caird* a ardú.

Rinne siad seol de chanbhás. Chuir siad clúdach ar an mbád mar ní bheadh bád oscailte ábalta fanacht san Aigéan Theas. Rinne siad deic as boscaí agus píosaí canbháis.

Bhí an obair sin crua. Bhí an canbhás reoite agus bhí orthu é a chur os cionn an tsoirn ar dtús.

Líon fir eile na málaí canbháis bia le carraigeacha agus le clocha mar bhallast. Chuir siad an bia ar bord. Thóg siad brúitín, brioscaí, púdar bainne agus siúcra. Chuir siad uisce úr i mbairillí.

D'fhág an 22 fear ar Oileán Eilifínte slán leis an seisear agus iad ag tosnú ar a dturas dainséarach. 'Tagaigí ar ais go tapa', a ghlaoigh siad amach. Ní raibh aon dóchas eile acu ach turas an *James Caird*.

Ghluais an bád go mall. Bhí na tonnta go dona. Ó am go ham d'fhéach an seisear ar ais.

Chuir na tonnta dubha an bád beag as radharc go minic. Bhí sé le feiceáil gan mhoill arís. Ansin, go tobann, bhí se imithe.

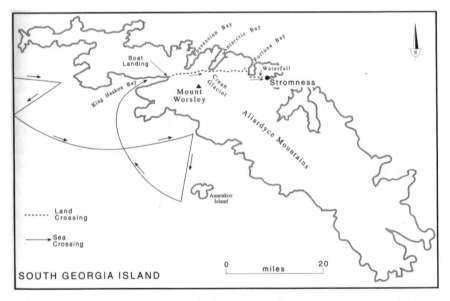

*Is beag eolas a bhí ar an tSeoirsa Theas nuair a mháirseáil Shackleton, Worsley agus Tom Crean thar an oileán sléibhtiúil oighearshruthach seo i 1916. Léiríonn an mapa an treo a chuaigh an James Caird is í ag druidim leis an oileán agus an bealach trasna an oileáin.*

# 17

# Eachtra Eipiciúil

Bhí an ghaoth ag séideadh beagnach 50 ksu (30 msu) nuair a bhí an *James Caird* ag seoladh trí na tonnta agus trí na cnoic oighir timpeall Oileán Eilifinte. Thosaigh an spéir ag dorchú le teacht an trathnóna. Ní raibh solas le feiceáil ach solas ó phíopa Tom Crean!

Bhí an *James Caird* an-bheag ar fad don aistear contúirteach. Ní raibh an bád ach 7 m (23 tr) ar fhad. Ní raibh se déanta le haigéin stoirmeacha a thrasnú. Bhí an seisear míchompordach mar ní raibh go leor spáis acu ar an mbád.

Bhí na málaí codlata leagtha amach ar na carraigeacha beaga a bhí mar bhallast. Bhí mála codlata ag gach duine ach ba dheacair dóibh codladh ar na carraigeacha crua. Dá bhrí sin leag siad amach trí mhála ar na carraigeacha mar thocht. Roinn an seisear na trí cinn eile.

Chaith siad fo-éadaí olla, léinte, geansaithe, treabhsair agus fobhrístí. Bhí dhá phéire stocaí agus mitíní olla orthu freisin. Bhí a mbuataisí déanta de chraiceann an reinfhia. Ach tháinig an t-uisce isteach sna buataisí.

Bhí na fir fliuch báite go minic ón sáile. Bhí siad préachta leis an bhfuacht freisin. Chuir an sioc isteach go mór orthu. Bhí craiceann tinn acu ón sáile. Thosaigh a gcosa ag eirí bán. Chaill roinnt díobh mothú ina gcosa fliucha.

Nuair a bhí triúr ar deic ag seoladh an bháid bhí an triúr eile ag iarraidh dul a chodladh.

Tháinig uisce reoite isteach sa bhád le gach tonn. Bhí orthu an t-uisce a phumpáil amach. Ach bhí an fuacht chomh dona sin nach raibh éinne ábalta a lámh a choimeád ar an teannaire faoin uisce níos mó ná cúig nóiméad.

Bhíodh Tom ag cócaireacht go minic. Nuair a bhí sé ag cócaireacht bhí sé an-dheacair dó mar bhí an fharraige ag ardú agus ag ísliú. Bhí fadhbanna aige ag iarraidh fanacht ina sheasamh os cionn an tsoirn primus. Choimeád fear eile greim ar Tom ar eagla go dtitfeadh sé isteach san uisce agus an pota bia leis.

Ní raibh siad compordach. Thosaigh na málaí codlata ag titim as a chéile. Chuaigh na ribí ó fhionnadh an reinfhia i ngach áit, isteach i bpota na cócaireachta fiú amháin.

Uair amháin chuir Tom a lámh shalach isteach sa phota chun ceann de na ribí gránna seo a thógáil amach. Ach níor theastaigh uaidh braon den bhrúitín a chailliúint.

Is minic a dhóigh Tom a lámh sa phota. Nuair a bhí an brúitín réidh líon sé na mugaí go béal agus shlog siad siar é go tapa. Chuaigh an chéad duine a bhí críochnaithe ag stiúradh an bháid.

D'ól siad mugaí de bhainne an-the i ndiaidh gach béile.

Thosaigh na fir ag eirí tinn nuair a chas na tonnta an bád timpeall ar nós coirc.

Bhí Tom an-láidir ar an *James Caird*. Toisc go raibh sé croíúil i gcónaí, thug sé dóchas do na fir. Chreid sé go scroichfeadh na mairnéalaigh an tSeoirsa Theas slán sábháilte.

Bhí an post ba dheacra ar bord an *James Caird* ag Frank Worsley, máistir an *Endurance*. Bhí air an bád a stiúradh chuig an oileán.

Bhí ar Frank Worsley an bád a choimeád ar an gcúrsa. Dá rachadh an bád amú ní bheadh seans ag Frank é a stiúradh i gcoinne sruthanna láidre na taoide san Aigéan Atlantach Theas chun teacht i dtír. Ní raibh ach seans amháin aige an t-oileán a shroichint. Bhí dainséir eile ann freisin.

Maidin amháin, le breacadh an lae, chonaic siad go raibh oighear tagtha ar chanbhás na deice. Reoigh cáitheadh na farraige é chomh luath is a tháinig sé ar an deic. Faoi mhaidin bhí tiús 15 cm (6 orlach) san oighear. Bhí eagla orthu go n-iompódh an *James Caird* bun os cionn.

Bhí orthu rud éigin a dhéanamh gan mhoill. Chuaigh Tomás ag lámhachán ar chanbhás na deice chun an t-oighear a bhriseadh. Nuair a bhí se ag sleamhnú ar a bholg chas an bád agus bhí sé beagnach caite isteach san uisce.

Rug Tom ar chlár na deice le lámh amháin. Thosaigh sé ag briseadh an oighir leis an lámh eile. Ach ní raibh sé ábalta fanacht ar crochadh mar seo ach ar feadh tamaill ghearr mar bhí sé nimhneach fuar. Chuaigh fear eile chun tosaigh lena áit a thógaint.

Nuair a bhí siad tar éis an t-oighear a bhriseadh, tháinig cáitheadh na farraige ar an deic arís agus bhí sé reoite go tapa.

Bhí siad ag troid leis an oighear. Chuir siad a mbeatha i mbaol ag lámhachán ar an deic leis an oighear a bhriseadh. Bhí an t-ádh leo gur éirigh leo an t-am seo agus bhí an *James Caird* slán go fóill.

Tamaill gearr ina dhiaidh sin bhí siad i mbaol arís. Thug duine éigin faoi deara go raibh néal bán ar íor na spéire i bhfad uathu agus cheap siad go raibh an spéir ag eirí geal.

Go tobann chonaic siad go raibh an néal geal ag teacht ina dtreo. Ní néal a bhí ann ach tonn ollmhór.

Bhéic fear amháin, 'Beirigí greim, in ainm Dé'.

Chaith an tonn ollmhór an *James Caird* chun cinn. Bhuail an tonn anuas ar an mbád. Bhí an *James Caird* beagnach caite suas san aer as an bhfarraige. Thit siad ar an úrlar agus an sáile timpeall orthu. Bhí siad fliuch báite. Ní raibh a fhios acu an raibh an bád ina sheasamh nó bun os cionn.

Ach d'imigh an tonn ollmhór go tapa. Bhí ionadh ar na fir go raibh an *James Caird* slán.

Bhí dainséar ann go n-iompódh an bád béal faoi mar bhí a lán uisce tar éis doirteadh isteach ann. Chaith na fir an t-uisce amach go tapa. Bhí orthu obair ar a ndícheall ar feadh uair a chloig. Sa deireadh bhí an t-uisce go léir caite amach acu. Bhí an *James Caird* slán arís.

Nuair a bhí an rí-rá agus ruaille buaille ar siúl ní fhaca siad go raibh uisce ón bhfarraige tar éis dul isteach sa bhairille uisce úr.

Anois bhí fadhb uafásach acu. Bhí siad fliuch báite. Bhí ocras orthu agus bhí siad tuirseach. Anois ní raibh uisce le n-ól acu.

Gan uisce úr ní bheadh siad ábalta an brúitín a dhéanamh. Ní bheadh ach bia tirim acu.

Rinne Tom iarracht an t-uisce a ghlanadh le píosa éadaigh. Ach bhí blas uafásach air agus bhí an-thart orthu anois. Chuaigh an tart in olcas i ndiaidh lae. Bhí a mbeola briste, a dteanga tinn. Bhí siad i gcruachás uafásach.

Cé go raibh na trioblóidí seo acu, lean an *James Caird* ar aghaidh. Bhí sí ag dul i dtreo na Seoirsa Theas. Cé go raibh an ghaoth láidir, sheol sí an *James Caird* ar an gcúrsa ceart i dtreo an oileáin.

Tar éis coicíse, cheap an 'Scipéir' Frank Worsley go raibh siad in aice le Seoirsa Theas. Ach ní raibh talamh le feiceáil go fóill.

Bhí siad dóchasach nuair a chonaic duine éigin éinín ag eitilt os a gcionn. Toisc go raibh éan ann bhí a fhios acu go raibh talamh in aice leo. Ach ní raibh siad ábalta féachaint i bhfad chun cinn mar bhí néalta dubha troma ann agus gaotha láidre ag caitheamh suas uisce ón bhfarraige.

Go tobann, bhéic fear amháin amach 'Talamh!'.

Trí pholl sna scamaill chonaic siad sléibhte dubha na Seoirsa Theas faoi bhrat sneachta.

Bhí áthas an domhain orthu. Bhí siad ar bís. Bhí gaisce do-dhéanta déanta acu. Bhí siad tar éis an tAigéan Theas a thrasnú i mbád oscailte i ngálaí agus i gcoinne tonnta ollmhóra.

Ach ní raibh siad ar an oileán fós. Shéid an ghaoth níos láidre fós nuair a bhí an *James Caird* ag seoladh cois cladaigh. Bhí neart na gaoithe os cionn 130 ksu (80 msu). Spéirling a bhí ann.

Níorbh fhéidir leo dul i dtír, cé go raibh an cladach in aice leo mar bhrisfeadh an bád i gcoinne na gcarraigeacha.

Bhuail an spéirling anuas ar an g*Caird* ar feadh roinnt mhaith uaireanta a chloig. Chuaigh long mhór go tóin poill cúpla míle uathu sna farraigí céanna sa stoirm seo. Bádh na mairnéalaigh go léir a bhí ar an long, faraoir.

Tháinig an oíche agus an dorchadas. Scoilt roinnt de chláracha adhmaid an *James Caird*. Dhoirt an t-uisce isteach. Bhí orthu an t-uisce a chaitheamh amach arís. Bhí oíche uafásach acu.

Tháinig an mhaidin. Lean an stoirm gan stad. Níorbh fhéidir leo bia a ullmhú mar bhí tonnta 13 m (40 tr) ag réabadh anuas ar an mbád.

Lean an spéirling ar feadh deich n-uaire a chloig. Nuair a tháinig bearnaí sna scamaill bhí siad ábalta na sléibhte agus an trá a fheiceáil. Ach níorbh fhéidir leo leandáil fós. D'ullmhaigh siad iad féin chun oíche eile a chaitheamh ar an bhfarraige. Bhí siad anlag faoin am seo.

I rith na hoíche, chuaigh an aimsir i bhfeabhas. Bhí an t-ádh leo. Ar maidin bhí radharc níos suaimhní acu. Bhí an ghaoth níos laige. Bhí an *Caird* fós ar snámh. Ach bhí orthu dul i dtír gan mhoill.

Bhí seacht lá déag caite ag na fir ar an bhfarraige. Bhí an seisear lag agus tuirseach. Níorbh fhéidir leo an tart a sheasamh faoin am seo. Mharódh oíche eile ar an bhfarraige stoirmiúil iad.

Stiúraigh siad an *James Caird* i dtreo an chladaigh ach bhí an ghaoth ag séideadh an bháid ón talamh. D'ísligh siad na seolta. Rug na fir ar na maidí agus thosaigh siad ag rámhaíocht. Bhí an scéal go dona. Bhí carraigeacha timpeall orthu. Bheadh deireadh leo dá mbuailfeadh an bád i gcoinne carraige.

Chonaic siad bealach chun na trá, áfach. Bhí seans acu teacht slán anois.

Ar aghaidh leo go dtí an bhearna. D'fhan siad le tonn láidir. Thóg an chéad tonn eile an bád ar aghaidh tríd an oscailt.

Tharraing an tonn an *Caird* chun an chladaigh. Stop an bád ar na clocha go tobann.

Bhí 522 lá imithe – bliain agus cúig mhí – ó d'fhág na fir an tSeoirsa Theas roimhe sin.

# 18

# Máirseáil nó Bás

Thit Tom Crean amach as an *James Caird*. Bhí tart an domhain air agus bhí sé traochta. Tharraing sé é féin suas ina sheasamh. Theastaigh uisce uaidh go tapa.

Chonaic Tom beagáinín uisce ag rith síos le fána carraigeacha ó oighearshruth. Ar aghaidh leis na fir i dtreo na carraige ar nós na gaoithe. Chuaigh siad ar a nglúine is thosaigh siad ag ól.

Bhlais an t-uisce cosúil le seaimpéin i ndiaidh seacht lá déag san Aigéan Theas.

Bhí an seisear ag féachaint go dona. Níorbh fhéidir le cuid acu siúl i gceart tar éis an turais ar an bhfarraige. Bhí tuirse agus tart orthu. Bhí fadhb eile acu freisin – an dó seaca.

Bhí siad ag iarraidh na rudaí a thógaint amach as an mbád. Cé go raibh an obair seo éadrom, bhí siad ró-lag chun é a dhéanamh. Ní raibh siad ábalta an *James Caird* a tharraingt amach as an uisce. Ní raibh an neart acu. Cheangail siad an bád de charraig go tapa. D'ullmhaigh Tom béile te.

Chonaic siad uaimh bheag. Ní raibh sí ró-thirim ach cheap na fir go raibh sí cosúil le teach ósta mar bhí siad tuirseach traochta faoin am seo. Chuaigh siad isteach ina málaí codlata go tapa.

Bhí ar fhear amháin fanacht ina dhúiseacht an t-am go léir chun súil a choimeád ar an *James Caird*, a bhí ceangailte de charraig.

Bhí Tom ina dhúiseacht ar a dó a chlog ar maidin nuair a tharraing tonn ollmhór an bád ón gcarraig. Go tobann léim Tom isteach san uisce fuar. Rug sé ar an téad. Bhí eagla air go n-imeodh an bád uaidh.

Chuala na fir Tom ag béicigh. Dhúisigh siad. Rith siad chun é a shábháil. Bhí Tom ina sheasamh os a gcomhair agus an t-uisce suas chomh fada lena mhuinéal. Bhí tonnta reoite ag gluaiseacht thar a cheann.

Cé go raibh sé préachta agus fliuch báite, choimeád sé greim ar an téad. Léim na fir eile isteach san uisce ag cabhrú leis. Shábháil siad Tom agus an *James Caird*. Bhí an t-ádh leo!

Chuir an eachtra eagla agus buairt orthu. D'fhan siad ina ndúiseacht i rith na hoíche chun greim docht a choimeád ar an mbád. Bhí an oíche go dona – fuar agus fliuch.

Nuair a tháinig breacadh an lae bhí trioblóid nua acu. Fuair siad amach go raibh stiúir an *James Caird* briste. Ní bheadh siad ábalta an bád a stiúradh anois. Níorbh fhéidir leo rámhaíocht mar bhí siad ró-thuirseach.

Bhí orthu plean nua a dhéanamh. Ar dtús bhí siad chun an bád a sheoladh chuig an taobh thuaidh den oileán mar bhí stáisiúin na míolta móra ar oscailt ansin. Bheadh cabhair le fáil ann do na mairnéalaigh ar Oileán Eilifinte.

Ach shroich an *James Caird* an taobh theas. Ní raibh éinne ina chónaí anseo. Gan stiúir, ní bheadh siad ábalta seoladh timpeall an oileáin chuig stáisiúin na míolta móra. Níorbh fhéidir leo dul ar an bhfarraige anois.

Bhí siad i gcruachás ceart mar bhí beirt den bhfoireann ag titim i laige, beagnach. Bhí duine eile fíor-lag. Conas a thiocfaidís slán as turas eile?

Ní raibh a fhios ag éinne go raibh siad ann. Ní bheadh éinne á lorg ansin. Níorbh fhéidir leo fanacht ann mar gheobhaidis bás agus gheobhadh na fir ar Oileán Eilifinte bás chomh maith.

Bhí a fhios acu nach raibh aon rogha acu ach siúl ón gcósta theas chuig stáisiúin na míolta móra ó thuaidh.

Ba scanrúil an smaoineamh é. Níor thrasnaigh éinne lár na Seoirsa Theas riamh. Oileán lán de shléibhte agus de oighearshruthanna a bhí ann. Bhí an t-oileán lán de pháirceanna oighir freisin.

Tá sléibhte Sheoirsa Theas 1.6 km (1 míle) ar aoirde. Tá an ceann is aoirde beagnach 3.2 km (2 mhíle) ar aoirde. Tá lár an oileáin clúdaithe le hoighearshruthanna fealltacha, le scoilteacha contúirteacha agus le haillteacha oighreata.

Ní raibh éinne ina chónaí i lár an oileáin. Ní raibh mapa ar fáil. An mbeadh slí tríd? Ní raibh a fhios acu. Ach bhí orthu cabhair a fháil.

Ní raibh ach triúr acu ábalta an turas a shiúl thar na sléibhte. Ba iad sin an ceannaire Shackleton, an loingseoir Frank Worsley agus an fear láidir, Tom Crean.

Bhí stáisiúin na míolta móra thart ar 48 km (30 míle) uathu. Shocraigh siad dul chomh luath agus ab fhéidir. Níor thug siad leo ach na rudaí tábhachtacha.

Níor thóg siad na málaí codlata ná na pubaill mar bhí siad ró-throm. Thóg siad sorn primus, pota beag chun cócaireachta agus ábhar tine. Chuir siad bia le haghaidh trí lá isteach i stoca.

Thóg siad dhá chompás, péire gloiní páirce, leathbhosca lasán, rópa 15 m (50 tr) agus tál le húsáid mar phiocóid san oighear.

Ní raibh a mbróga oiriúnach don turas. Bhí a mbuataisí déanta as fionnadh an reinfhia agus bhí boinn leibhéalta an-dainséarach ar an oighear.

Bhí plean cliste acu. Thóg siad scriúanna ó chliathán an *James Caird*. Chuir siad na scriúanna isteach sna buataisí. Nuair a bhí na scriúanna sa bhonn, bhí siad ábalta greim níos fearr a fháil ar an oighear. B'shin an plean is fearr a bhí acu ag an am.

Bhí orthu sos a thógaint roimh an turas agus bia a ullmhú chuige. Lá amháin d'ith siad albatras a fuair Tom ar na carraigeacha in aice leo. Bhí béile blasta acu.

Fuar siad áit níos fearr chun campála. D'iompaigh siad an bád bun os cionn agus d'fhan siad faoin mbád nuair a bhí gaoth láidir ag séideadh. Choimeád carraigeacha an bád suas. Bhí na málaí codlata faoina bhun. Las siad tine ar an trá le brosna. Uaireanta thosaigh siad ag canadh chun misneach a mhúscailt agus ardú meanman a spreagadh.

Chodail na fir go sámh tar éis a mbéile mhaith. Bhí siad ag eirí níos láidre de réir a chéile.

Tar éis roinnt laethanta d'ullmhaigh na fir iad féin don turas. Chroith siad lámha leis na fir a bhí ag fanacht ina ndiaidh. Ar aghaidh leo ar a dturas cáiliúil.

Bhí sé a trí a chlog ar maidin. Go tobann thug solas na gealaí cabhair dóibh chun iad féin a threorú lena gcéimeanna tosaigh. Dea-chomhartha.

# 19

# Aistear Iomráiteach

Bhí na fir ag dreapadh ar feadh dhá uair. Stop siad chun féachaint ar an mbealach a bhí rompu ach ar aghaidh leo arís gan mhoill.

Chuir an radharc eagla orthu. Bhí faillteacha géara oighir agus cúig chnoc rompu. Bhí orthu cnoc amháin a thrasnú chun dul go dtí stáisiúin sealgaireachta na míolta móra.

Le breacadh an lae bhí ceo trom ann. Bhí an áit clúdaithe leis an gceo. Ní raibh siad ábalta ach cúpla troigh chun tosaigh a fheiceáil agus dá bhrí sin shiúil siad go himeall oighearfhaille. Bhí siad cúpla coiscéim ón mbás.

Bheartaigh an triúr acu rópa a úsáid chun iad a choimeád le chéile. Rug siad greim ar an rópa agus shiúil siad i líne amháin, i ndiaidh a chéile. Bhí Shackleton chun tosaigh. Ón gcúl, bhí Tom Crean agus an Scipéir Worsley ag tabhairt orduithe dó faoin treo.

Nuair a d'imigh an ceo agus nuair a chonaic siad solas an lae, bhí áthas orthu. Bhí siad dóchasach. Chonaic siad uisce i bhfad uathu. Bhí sé cosúil le loch reoite. Cheap siad go mbeadh sé níos éasca an t-uisce seo a thrasnú ná na scoilteáin ná na faillteacha oighreata.

Bhrostaigh siad síos chuig an 'loch'. Ach bhí díomá orthu nuair a chonaic siad nach loch a bhí ann ach an fharraige. Bhí a fhios acu ansin go raibh siad ag dul sa treo mícheart. Bhí stáisiúin na míolta móra sa treo eile.

Go brónach, chas na fir ar ais. Thosaigh siad ag dreapadh an bhealaigh chéanna arís. Bhí orthu dul suas go hard chun radharc níos fearr a fháil cé nach raibh an t-am le spáráil acu.

Shiúil siad go mall ar feadh sé uaire thar sneachta bog. Stop siad chun rud éigin a ithe.

Thug an bia misneach dóibh. Bhí Shackleton ag gearán go raibh spúnóg Tom níos mó ná an dá spúnóg eile! Dúirt Tom go raibh béal an Scipéara an-mhór!

Thosaigh siad ag máirseáil arís. Bhí na fir ag gluaiseacht chuig na cnoic. Roghnaigh siad bealach áirithe. I gceann trí uaire a' chloig bhí siad ina seasamh ar bharr cnoic. Ach baineadh geit astu nuair a chonaic siad an radharc ón mbarr.

Bhí an fána faoina mbun an-dainséarach mar bhí aillteacha géara ann nárbh fhéidir leo a thrasnú. Bhí siad an-bhuartha ag an bpointe seo.

Bhí ar na fir casadh timpeall don dara uair an mhaidin sin. Bhí am luachmhar caillte arís.

Nuair a shroich siad bun na faille bhí bia acu a d'ullmhaigh Tom. Thosaigh siad ag dreapadh arís. Bhí sé níos deacra an uair seo. Bhí an sneachta an-bhog. Bhí siad tuirseach. Thit siad ar a nglúine go minic ag tarraingt anála.

Nuair a d'fhéach siad timpeall orthu ón mbarr bhí an radharc go dona ar fad. Bhí oighear briste agus poill i ngach áit. D'iompaigh na fir thart le díomá mór orthu agus chuaigh siad síos an faobhar oighreata arís.

Ghluais siad go mall agus faoi dheireadh shroich siad barr an triú sléibhe. Ach bhí siad cráite nuair a d'fhéach siad síos. Bhí fadhb uafásach acu. Ní raibh siad ábalta dul ar aghaidh. Ní raibh aon rogha acu ach dreapadh síos arís. Bhí a thuilleadh ama caillte acu.

Bhí sé a ceathair a chlog sa tráthnóna nuair a thosaigh siad ag dul síos an sliabh. Bhí an oíche ag teacht go tapa. Bhí an teocht ag titim. Bhí siad ar shliabh a bhí timpeall 1,400 m (4,500 tr) ar aoirde. Bhí ceo ag teacht thar bharr an tsléibhe.

Bhí na fir i mbaol a reoite go bás. Bhí a fhios acu go raibh orthu dul síos chomh tapa is ab fhéidir leo.

Ach ní raibh an turas síos simplí. Bhí an sneachta bog agus dá bhrí sin bhí orthu gluaiseacht go mall. Chuimhnigh siad ar phlean. Ní raibh an dara rogha acu.

Rinne siad 'sleamhnán' as an rópa a bhí 16 m (50 tr) ar fhad. Go tapa chas siad an rópa timpeall chun trí 'bhrat' ciorcalach a dhéanamh. Shuigh Shackleton chun tosaigh. Bhí Worsley sa lár agus a chosa timpeall ar chom Shackleton. Bhí Tom chun deiridh agus rug sé greim ar Worsley. Bhí siad greamaithe le chéile cosúil le duine amháin.

As go brách leis an 'sleamhnán' síos an cnoc. Bhí an ghaoth ag séideadh thar a gcluasa. Bhí siad ag dul síos go han-tapa.

Bhuail an tál Tom agus ba bheag nár ghortaigh sé é féin go dona. Bhí siad ag béicíl de réir mar a ghluais siad ar aghaidh ar nós na gaoithe.

Bhí an t-ádh leo nár bhuail siad carraig. Stop an triúr acu go tobann nuair a rith siad in aghaidh sneachta bog ag bun na haille.

Sheas an triúr acu suas go mall. Bhí cúpla gearradh ina mbrístí ach bhí siad slán sábháilte. Bhí siad ar an sleamhnán ar feadh dhá nóiméad ach ní raibh a fhios acu cén fhad a thaistil siad. Bhí áthas an domhain orthu gur tháinig siad slán agus go raibh an t-ádh leo.

D'ith siad bia agus ar aghaidh leo go tapa arís. D'éirigh sé dorcha. Tháinig an ghealach amach os a gcionn. Bhí siad ag máirseáil gan sos ceart ar feadh 24 uair.

Bhí siad tuirseach traochta ach níorbh fhéidir leo codladh. Bhí sé ró-fhuar le dul a chodladh. Codladh nó bás – sin an rogha a bhí acu.

Thóg siad sos uair amháin agus thit Tom agus Worsley ina gcodladh. Dhúisigh Shackleton iad i ndiaidh cúig nóiméad. Dúirt sé leo gur chodail siad ar feadh leath uair a chloig. Bhraith siad níos fearr ansin!

Shiúil an triúr acu go mall réidh i rith na hoíche. Bhí siad ag súil le radharc stáisiún na míolta móra a fheiceáil le breacadh an lae. Ní raibh a fhios acu cén treo ina raibh siad ag dul ach b'éigean dóibh leanúint ar aghaidh.

Tháinig siad go barr cnoic roimh mhaidin. D'fhéach siad síos agus chonaic siad bá. B'fhéidir gurb é Bá Stromness é. Bhí a fhios acu go raibh stáisiún míolta móra i Stromness.

D'ullmhaigh Tom brúitín dóibh. Chan sé amhrán. Cheap siad go raibh a gceann scríbe sroichte acu sa deireadh thiar.

Ach de réir mar a shiúil siad i dtreo an bhá, chonaic siad radharc uafásach. Bhí oighearshruth le haillte dainséaracha os a gcomhair. Ní raibh oighearshruth ar bith ag Stromness. Bhí siad ag dul an treo mícheart. Bhí siad croíbhriste arís. Bhí orthu casadh timpeall agus filleadh ar ais.

Dhreap siad in airde ar aill oighreata eile. Ón mbarr, bhí siad ábalta sléibhte a fheiceáil. Bhí a fhios acu go raibh na sléibhte seo in aice le stáisiún na míolta móra.

Tháinig solas an lae ar leath uair tar éis a sé ar maidin. Cheap duine amháin acu gur chuala sé fothrom. Mheas siad gur tháinig an fothrom ó na fir a bhí ag ullmhú le dul ag obair i stáisiún na míolta móra. Dá mba rud é go raibh an ceart acu, bheadh feadóg na monarchan le cloisteáil ar a seacht a chlog mar bheadh na fir ag tosnú a gcuid oibre ansin.

Sheas Tom, an Scipéir Worsley agus Shackleton go ciúin ag fanacht le seacht a chlog.

Bhí imní orthu. Díreach ar a seacht a chlog bhris feadóg na monarchan an ciúnas. Bhéic siad le háthas. B'shin an chéad ghlór ón saol lasmuigh a chuala siad ó d'fhág siad an tSeoirsa Theas timpeall ocht mí dhéag níos luaithe.

Ní raibh am le spáráil acu, áfach. Bhí an triúr acu spíonta agus préachta leis an bhfuacht. Bhí siad mílte ó na stáisiúin mhíoltóireachta fós.

Cé go raibh siad beagnach slán, bhí dainséar ann i gcónaí. Uair amháin bhris Tom an t-oighear lag agus thit sé isteach san uisce reoite. Tharraing an bheirt eile amach é ach bhí an t-ádh leis.

Tamall gearr ina dhiaidh sin, tháinig na fir chuig mullach sléibhe. D'fhéach siad síos agus chonaic siad stáisiún gnóthach na míolta móra ag Stromness. Bhí siad 750 m (2,500 tr) ar aoirde. Chonaic siad longa sa chuan agus na fir ag brostú timpeall. Bhí na fir cosúil le spotaí beaga ar an talamh.

Thosaigh an triúr ag béiceadh. Ach d'imigh a nguth ar strae sa ghaoth.

Ní raibh a fhios ag na fir sa stáisiún go raibh siad ann. Ní raibh éinne ag féachaint ina dtreo. Ní raibh duine ar bith tar éis teacht chuig Stromness ó lár tíre, riamh roimhe sin. Ní thrasnódh éinne sléibhte agus oighearshruthanna intíre Seoirsa Theas ach duine a bheadh as a mheabhair!

Thosaigh na fir ag dul síos chuig Stromness. Bhí an fána an-ghéar. Níorbh fhada gur chonaic siad struth tapaidh uisce. Lean said an t-uisce. Bhí siad dóchasach go mbeadh an cuan le feiceáil ag deireadh an tsrutha.

Ach bhí díomá orthu nuair a stop an sruth go tobann. Reoigh an t-uisce. Bhí eas titimeach déanta den uisce reoite. Bhí an t-eas thart ar 10 m (30 tr) ar fhad. Bhí siad i gcruachás arís. Níor theastaigh uathu casadh ar ais.

Bhí sé a trí a chlog sa tráthnóna. Bhí an oíche ag teacht. Níor theastaigh uathu oíche eile a chaitheamh amuigh. Ní raibh aon rogha acu ach dul síos tríd an eas reoite fuar.

Chuaigh Tom ar aghaidh ar dtús. Cheangail siad rópa de charraig agus síos go mall le Tom. Bhí sé fliuch go craiceann leis an uisce reoite. Uair amháin chuaigh sé faoin uisce.

Cé go raibh na fir fliuch báite, bhí gliondar croí orthu. Ní raibh siad ach leathmhíle ó stáisiún na míolta móra anois.

Bhí na créatúir ag féachaint go dona faoin am seo. Bhí siad an-shalach agus a gcuid gruaige síos go gualainn acu. Bhí féasóga fada gránna acu freisin.

Bhí a lámha is a n-aigheanna ite ag an dó sneachta. Bhí boladh uafásach uathu. Bhí a gcuid éadaigh ina gceirteacha. Ní raibh said ábalta na héadaí a athrú le míonna fada. Bhí poll mór i dtóin bhríste an Scipéara. Bhí eagla air go bhfeicfeadh na mná a bhríste giobalach! Dá bhrí sin chuir sé biorán sa pholl chun a bhríste a choimeád le chéile.

Shiúil siad trasna na Seoirsa Theas i 36 uaire, lá go leith gan sos ceart ná earraí oiriúnacha acu.

Blianta ina dhiaidh sin, chuaigh foireann ó arm na Breataine ar an aistear céanna. Bhí go leor bia acu. Bhí siad an-shláintúil agus bhí éadaí agus fearas nua-aoiseach acu. Chaith siad ceithre lá déag ag déanamh an turais.

Tharraing na fir thuirseacha thraochta a gcosa isteach i stáisiún na míolta móra. Ní raibh tuairim acu cén sort fáilte a bheadh rompu.

Nuair a bhí siad ag dul timpeall an chúinne in aice leis an monarcha bhuail siad le beirt bhuachaill a bhí ag súgradh ar an tsráid. Bhí eagla ar na buachaillí nuair a chonaic siad na fir agus theith siad go tapa.

Cúpla nóiméad ina dhiaidh sin chonaic seanduine iad. D'iompaigh sé uathu go tapa chomh maith agus rith sé leis ar nós na gaoithe.

Bhí an t-ádh leo gur bhuail siad gan mhoill le lucht oibre agus le mairnéalaigh ó staisiún na míolta móra. Bhí ionadh ar na mairnéalaigh nuair a chonaic siad na fir spíonta a bhí tuirseach, salach, lag os a gcomhair.

Thug na sealgairí cneasta deoch the do na fir go tapaidh. D'inis an triúr a scéal dochreidte do na sealgairí. D'éist siad gan focal astu.

D'inis siad dóibh faoin slí ar briseadh an *Endurance* san oighear, faoin mbealach ar mhair an 28 fear ar feadh míonna ar oighearshlaod, conas a thrasnaigh siad an tAigéan allta Theas i mbád oscailte, agus conas a shiúil siad thar sléibhte na Seoirsa Theas.

Duine ar dhuine sheas na mairnéalaigh chrua seo amach chun lámha an triúir a chroitheadh. Cheap said go raibh Crean, Worsley agus Shackleton go hiontach ar fad. 'Is fir iad seo, go deimhin', arsa duine amháin.

# 20

## Turas Tarrthála

Bhí an-mheas ag sealgairí na míolta móra ar Tom, Worsley agus Shackleton. Chuir siad fáilte rompu agus thug siad cuireadh dóibh fanacht ina dtithe féin. Bhí an chéad fholcadh te ag na fir dá raibh acu le hocht mí dhéag. Fuair siad culaith ghlan éadaigh do gach duine acu. Ina dhiaidh sin bhí béile breá acu is leaba the theolaí. Bhí siad cosúil le ríthe, i súile na sealgairí.

An lá ina dhiaidh sin, chuaigh bád timpeall an oileáin chun an triúr fear a bhí ar chúl leis an *James Caird* a fháil. Rinne siad pleananna don tarrtháil mhór – an 22 mairnéalach longbhriste a shábháil ón Oileán Eilifinte. Níorbh aon rud simplí é sin.

Chaith Tom, Skipper agus Shackleton roinnt míonna ag iarraidh teacht ar a gcomrádaithe a bhí ag campáil faoi na báid ar Oileán Eilifinte. Ba thréimhse dheacair í mar bhí an-imní orthu faoina gcomrádaithe ag an am seo.

Sheol an bád in aice le hOileán Eilifinte trí huaire ach ní raibh seans acu dul i dtír mar bhí an t-oighearshlaod sa bhealach.

Bhí an 22 fear ar Oileán Eilifinte buartha. Bhí a ndóchas ag trá. Cheap cuid acu go raibh an *James Caird* imithe agus go raibh Tom, Skipper agus Shackleton báite. Chuaigh na laethanta is na seachtainí is na míonna thart.

Throid siad chun iad féin a choimeád beo. Mharaigh siad piongainí agus rónta. Bhí siad ag baint bairneach de na carraigeacha le n-ithe. Bhí orthu fanacht faoi na báid den gcuid is mó den am mar bhí gaoth fhiáin 160 ksu (180 msu) ag séideadh.

Bhí fear amháin, an duine a chuaigh ar bord i ngan fhios, go dona ón dó seaca. Ní raibh a chuid buataisí ábalta an t-uisce a choimeád amach. Bhí an dó seaca chomh dainséarach sin, bhí ar na dochtúirí roinnt de mhéaranta a choise a ghearradh de. Bhí an obráid sin déanta le solas lag ó choinneal faoin mbád.

Ar dtús bhí na fir ag súil go mbeadh Tom, Skipper agus Shackleton ar ais ar Oileán Eilifinte i gceann trí nó ceithre sheachtain. Bhí ceithre mhí imithe anois agus bhí gach dóchas imithe.

Lá amháin bhí beirt de na mairnéalaigh ina suí ar imeall na farraige ag lorg sliogán le n-ithe. D'fhéach duine acu in airde agus bhéic sé amach 'Hóigh, a bháid'!

Bhí rí-rá agus ruaille buaille ann. Las siad tine le comhartha a thabhairt don long. Rug na fir barróg ar a chéile le háthas.

Chonaic siad bád ag isliú ón long agus thosaigh sí ag gluaiseacht go mall ina dtreo. Chonaic siad Tom agus Shackleton ina seasamh sa bhád. Bhí sceitimíní áthais orthu. Bhí na mairnéalaigh go léir ar Oileán Eilifinte sábháilte.

Tháinig an 28 fear ón *Endurance* le chéile arís. Ní raibh fear amháin caillte. Thóg an long iad go dtí Chile i Meiriceá Theas. Chuir na mílte daoine fáilte ghlórach rompu. Bhí na sluaite bailithe ann le bratacha. Bhí bannaí ag seinnt ceoil. Bhí cóisirí ar siúl ar feadh laethanta. Lean na sluaite iad i ngach áit ina raibh siad.

Bhí sé in am dóibh dul abhaile.

Bhí dóchas ag baint léi nuair a thosaigh eachtra an *Endurance* dhá bhliain roimhe sin. Bhí an t-aistear crua thart anois ach bhí gach duine slán.

Nuair a bhí na taiscéalaithe as baile, bhris an Chéad Chogadh Domhanda amach. Bhí na milliúin ag fáil bháis san Eoraip. Ach bhí an cogadh ar siúl i ngan fhios don bhfoireann a bhí ar an *Endurance*, an t-aon grúpa ar domhan nach raibh eolas ar bith acu faoin gcogadh.

Chuir an cogadh glaoch ar Tom chomh maith.

# 21

# Tomás an Mhoil

Sheol Tom Crean ar ais go dtí an Eoraip. Liostáil sé arís sa chabhlach agus chuaigh sé ag troid sa chogadh. Bhí an t-ádh leis gur tháinig sé slán ón gcogadh.

D'éirigh sé as an gcabhlach ceithre bliana níos déanaí i 1920, tar éis 27 mbliana a bheith caite aige sa phost. Thosaigh sé ag obair sa chabhlach mar Bhuachaill den Dara Grád – an céim ab ísle. Nuair a chríochnaigh sé a thréimhse bhí sé ina Oifigeach Barántais. Ceann de na taiscéalaithe chuig an Mol ab fhearr ba ea Tom Crean.

D'fhill Tom ar ais go hÉirinn nuair a d'fhág sé an cabhlach. Bhí sé ina shráidbhaile dúchais féin arís – Abhainn an Scáil. Phós sé bean ón áit darb ainm Nell. Bhí triúr iníon acu. D'oscail siad teach tábhairne in Abhainn an Scáil. D'fhan Tom sa bhaile ag obair sa teach tábhairne agus níor fhág sé a bhaile dúchais arís.

Ní dhearna Tom dearmad ar a shaol san Antartach. Chuir sé an t-ainm 'The South Pole Inn' ar a theach tábhairne. Tá an teach tábhairne ar oscailt fós. Tagann cuairteoirí ann ó chian agus ó chóngar chun féachaint ar bhaile dúchais Tom, an laoch sin a bhí go hiontach ar an oighear.

D'iarr Shackleton ar Tom dul ar thuras eile leis go dtí an t-Antartach. Theastaigh fir láidre cosúil le Tom ó Shackleton. Dhiúltaigh Tom, áfach.

Cé go raibh grá mór ag Tom don oighear, bhí sé 43 bliana d'aois faoin am seo. Bheartaigh sé fanacht sa bhaile lena bhean chéile agus a leanaí.

Bhí an-mheas ag na daoine air ina shráidbháile féin. Bhaist muintir na háite 'Tom the Pole' air agus bhaist siad 'Nell the Pole' ar a bhean chéile.

Ach níor labhair Tom riamh faoina shaol ag an Mol. Fear ciúin, cúthaileach ba ea é. Níor theastaigh cáil uaidh. Ní raibh éirí in airde ag baint leis riamh. Tháinig daoine ó chian is ó chóngar chun labhairt le Tom faoina eachtraí. D'fhan sé ina thost, áfach.

Nuair a tháinig Tom abhaile ón gcabhlach i 1920 bhí trioblóid in Éirinn. Bhí Cogadh na Saoirse ar siúl. Ní raibh meas ag na daoine ar éinne a raibh baint aige leis na Sasanaigh. Bhí Tom tar éis 27 mbliana a chaitheamh i gcabhlach na Breataine.

Éireannach bródúil ba ea Tom. Bhíodh brat na hÉireann aige ar a shleamhnán san Antartach. Ach ag an am achrannach deacair sin, bheartaigh Tomás fanacht ina thost. Cheap sé go mbeadh sé níos fearr dó.

Dá mbeadh Tom beo anois, bheadh clú agus cáil air. Bheadh sé le feiceáil ar chláracha teilifíse, nó le cloisint ar an raidió agus bheadh scéalta faoi i nuachtáin nó in irisí. Ach níor thug Tom cead riamh d'éinne agallamh a dhéanamh leis. Níor theastaigh an phoiblíocht uaidh.

Dá bhrí sin, is beag duine a raibh eolas aige ar shaol dochreidte Tom.

Bhí rud amháin de shaol Tom san Antartach le feiceáil ar a chorp. Nuair a bhain se de a bhróga is a stocaí chun a chosa a chur isteach san abhainn, chonaic na daoine a dha chois dhubha. Bhí siad dóite leis an sioc.

Chaith Tom an chuid eile dá shaol ina chónaí go ciúin in Abhainn an Scáil. Bhí sé ag tabhairt aire dá chlann, ag siúl lena mhadra agus ag caitheamh tobac ina shuí ar an bhfalla lasmuigh den 'South Pole Inn'.

I 1938 nuair a bhí sé seasca a haon bhí sé ag gearán go raibh pian ina bholg aige. Gan mhoill, chuaigh sé go dtí an t-ospidéal i dTrá Lí. Bhí obráid ag teastáil uaidh go géar mar bhí trioblóid aipindice aige.

Ní raibh aon mháinlia i dTrá Lí, áfach. Thóg otharcharr Tom go dtí ospidéal níos mó i gCorcaigh. Bhris an aipindice agus chuaigh an nimh sa bhfuil.

Sa lá atá inniu ann is obráid shimplí í agus ní bhíonn mórán imní ar éinne faoi obráid mar seo.

Ach bhí Tom an-tinn nuair a shroich sé Corcaigh. Bhí an fear láidir, cróga, misniúil seo idir an bás is an bheatha. Bhí an fear a tháinig slán ón Antartach crua, an-lag anois.

Fuair sé bás ar an 27 Iúil 1938.

Tháinig na sluaite chuig a shochraid in Abhainn an Scáil. Chuir a chairde agus a sheanchomrádaithe ón gcabhlach, a chomhra ar a nguaillí, chuig an reilig bheag i mBaile na Cúirte sna cnoca os cionn Abhainn an Scáil.

Ritheann an abhainn síos an cnoc, in aice le huaigh Tom. Leanann an abhainn thar 'The South Pole Inn', teach cónaithe an taiscéalaí láidir agus laoch an Antartaigh, Tom Crean.

# Tom Crean – Treoirlíne ama

| | | |
|---|---|---|
| **1877** | 20 Iúil | Rugadh é in Abhainn an Scáil, Co. Chiarraí, Éire, mac le Patrick agus Catherine Crean. |
| **1893** | 10 Iúil | D'éalaigh sé ó bhaile agus chuaigh sé isteach sa Chabhlach Ríoga. |
| **1901** | 10 Mí na Nollag | Chuaigh sé ar bord an *Endurance*, long taiscéalaithe an Chaptaen Scott. |
| **1902** | Feabhra | Rinne sé a chéad aistear ar shleamhnán san Antartach. |
| **1904** | Feabhra | D'fhág an *Discovery* an tAntartach. |
| **1910** | Aibreán | Ghlac se páirt in aistear an *Terra Nova* leis an gCaptaen Scott chun an Mol Theas a shroichint. |
| **1911** | Eanáir | Shroich an *Terra Nova* an tAntartach. |
| | 1 Samhain | Thosaigh an mháirseáil chuig an Mol Theas. |
| **1912** | 4 Eanáir | Bhí sé i ngiorracht 150 míle don Mhol Theas. Chonaic sé an Captaen Scott don uair dheiridh. Thosaigh sé ar a aistear 750 míle ar ais chuig an príomhchampa. |
| | 18 Feabhra | Chuaigh se ar shiúlóid 35 míle chuig an príomh-champa chun an Lt Evans a shábháil. |
| | 19 Feabhra | Shroich sé an príomh-bhothán tar éis máirseáil 18 n-uaire a' chloig. |
| | 29 Deireadh Fómhair | Chuaigh sé chun corpáin an Chaptaen Scott agus a bhuíon a lorg. |

| | | |
|---|---|---|
| | 12 Samhain | Tháinig sé ar phuball an Chaptaen Scott agus chuir se carn os cionn na gcorp. |
| **1913** | Eanáir | D'fhág *Terra Nova* Antartaice. |
| | 26 Iúil | Bhronn Rí Seoirse Bonn an Rí Albert air i bPálás Buckingham de bharr beatha Lt Evans a shábháil. |
| **1914** | 25 Bealtaine | Ghlac sé páirt in aistear an *Endurance* leis an Ridire Ernest Shackleton. |
| | 1 Lúnasa | Sheol an *Endurance* ó Londain. |
| **1915** | 19 Eanáir | Bhí an Endurance greamaithe i Muir Weddell. |
| | 27 Deireadh Fómhair | D'fhág siad *Endurance*. |
| | 21 Samhain | Chuaigh an *Endurance* go tóin poill. |
| **1916** | 9 Aibreán | Chuaigh sé i gceannas ar an mbád tarrthála, an *Stancomb Wills*, ar thuras farraige chuig Oileán Eilifinte. |
| | 15 Aibreán | Tháinig sé i dtír ar Oileán Eilifinte. |
| | 24 Aibreán | Sheol sé sa *James Caird* chuig an tSeoirsa Theas. |
| | 10 Bealtaine | Tháinig sé i dtír ar an tSeoirsa Theas. |
| | 19 Bealtaine | Chuir sé tús lena aistear tras-tíre sa tSeoirsa Theas. |
| | 20 Bealtaine | Shroich sé stáisiún na míolta móra ag Stromness |
| | 30 Lúnasa | D'fhill sé ar Oileán Eilifinte agus shábháil sé na mairnéalaigh longbhriste. |
| | 8 Deireadh Fómhair | Sheol sé chun na hEorpa. |
| **1917** | 5 Meán Fómhair | Phós sé Eileen (Nell) Herlihy, Abhainn an Scáil, Co. Chiarraí. |
| **1918** | Mí na Nollag | Rugadh a iníon, Mary. |

**1920** 24 Márta  D'éirigh sé as an gCabhlach Ríoga tar éis 27 mbliana seirbhíse.

Mí na Nollag  Rugadh a iníon Katherine.

**1922** Mí na Nollag  Cailleadh Katherine in aois a 4 bliana.

**1927**  D'oscail sé teach tábhairne, The South Pole Inn, in Abhainn an Scáil, Co. Chiarraí.

**1938** 27 Iúil  Cailleadh é in Ospidéal an Bons Secours, Corcaigh, in aois a 61 bliana.

# Eolas úsáideach

## Teocht

Chun Fahrenheit ° a iompó ina Celsius °
  Dealaigh 32, roinn ar 1.9 (m.sh. 68 °F lúide 32 roinnte ar 1.8 = 20 °C)
Celsius ° ina Fahrenheit °
  Méadaigh faoi 1.8, cuir 32 leis (m.sh. 20 °C x 1.8 = 36 + 32 = 68 °F)

## Cóimheas teochta

| °F | °C |
|---|---|
| 98.4 (teocht an choirp) | 36.9 |
| 32 (reophointe an uisce) | 0 |
| 14 | -10 |
| -4 | -20 |
| -22 | -30 |
| -40 | -40 |

## Faid

Á n-iompó seo

| | |
|---|---|
| méadair (m) i dtroithe (tr) | méadaigh faoi 3.28 |
| troithe (tr) i méadair (m) | méadaigh faoi 0.30 |
| méadair (m) i slata (sl) | méadaigh faoi 1.09 |
| slata (sl) i méadair (m) | méadaigh faoi 0.91 |
| ciliméadair (km) i mílte | méadaigh faoi 0.61 |
| mílte i gciliméadair (km) | méadaigh faoi 1.61 |

## Meáchana

Á n-iompó seo

| | |
|---|---|
| puint (lb) i gcileagraim (cg) | méadaigh faoi 0.45 |
| cileagraim (cg) i bpuint | méadaigh faoi 2.21 |

# Léitheoireacht bhreise

## Leabhair

| | |
|---|---|
| Alexander, Caroline | *Endurance*, Bloomsbury Publishing |
| Fothergill, Alastair | *Life in the Freezer*, BBC Books |
| Hooper, Meredith | *A is for Antartica*, Pan Books |
| Lansing, Alfred | *Endurance*, Weidenfeld |
| Lonely Planet Guide | *Antartica*, Lonely Planet |
| Mountfield, David | *A History of Polar Exporations*, Hamlyn |
| Scott, Robert F. | *Scott's Last Journey* (Ed. Peter King), Duckworth |
| Smith, Michael | *An Unsung Hero – Tom Crean Antarctic Survivor*, The Collins Press |
| Smith, Michael | *Tom Crean – An Illustrated Life*, The Collins Press |

## Físeáin

*Tom Crean – Kerryman*

*In The Ice*, Crossing the Line Films, Co. Wicklow, Ireland

*90 Degrees South*, Herbert Ponting, National Film and Television Archive, 1933: Connoisseur Videos, London, UK

*Shackleton: Escape From Antartica,* Crossing The Line Films, Co. Wicklow, Ireland

*South*, Frank Hurley, National Film and Television Archive, 1919: BFI Video Publishing, London, UK

## Suíomhanna Idirlín

Antarctic Circle www.Antarctic-circle.org

Antarctic Project www.Asoc.org

British Antarctic Survey www.Nerc-bas.ac.uk

Heritage Antarctic www.Heritage-antarctica.org

Scott Polar Research Institute www.Spri.cam.ac.uk

# Gluais

| | |
|---|---|
| Abhainn an Scáil, Co Chiarraí | Anascaul, Co Kerry |
| an t-Aigéan Ciúin | Pacific Ocean |
| an t-Aigéan Theas | Southern Ocean |
| an t-Antartach | Antarctica |
| an t-Atlantach | Atlantic Ocean |
| an Eoraip | Europe |
| an Ioruaidh | Norway |
| an Mol Theas | South Pole |
| an tSéalainn Nua | New Zealand |
| an tSeoirsa Theas | South Georgia |
| Meiriceá Theas | South America |
| Muir Weddell | Weddell Sea |
| na hOileáin Fhálclainne | Falkland Islands |
| Oileán Eilifinte | Elephant Island |
| | |
| aistear | journey |
| an Cabhlach Ríoga | the Royal Navy |
| an Chéad Chogadh Domhanda | the First World War |
| Ardán an Mhoil | Polar Plateau |
| bac oighreata | ice barrier |
| brúitín | mash/hoosh |
| buataisí fionnaidh | fur boots |
| cnoc oighir | iceberg |
| Cogadh na Saoirse | War of Independence |
| dó seaca | frostbite |
| fearas | equipment |
| foighne | patience |

| | |
|---|---|
| galar carrach | scurvy |
| i bhfostú/sáinnithe | trapped |
| laoch | hero |
| loingseoireacht | navigation |
| longbhriste | shipwrecked |
| lorg na madraí | pawprints |
| mairnéalaigh | sailors |
| míolta móra | whales |
| oighearshruth | glacier |
| oighearshlaod | ice floe |
| oighear | ice |
| oileán | island |
| piongainí | penguins |
| puball | tent |
| scoilteán | crevasse/fissure |
| sealgairí | hunters |
| sleamhnán | sledge |
| spéirling | hurricane |
| sruthanna | currents |
| stórais bhia | food supplies |
| tarrtháil | rescue |
| teocht | temperature |
| tír aineoil | uncharted land |
| taiscéalaithe | explorers |
| tonn | wave |

# Innéacs